U0939570

越玩越喜欢的成语接龙

郭凤英◎编

中国纺织出版社

内容提要

中华文化博大精深，有五千多年的历史，是中国民族巨大的精神财富。汉字是我们语言的灵魂，而成语则是中华汉字文化的精髓和核心。掌握了成语，就等于把握了中华文明的脉络。

本书正是让孩子在游戏的过程中，掌握成语的奥妙，并在不知不觉中学习到成语知识。全书不仅语言通俗易懂，内容丰富，还兼顾孩子们的阅读习惯，采取图文并茂的形式，使孩子易于接受，是孩子们不可缺少的伙伴。

图书在版编目（CIP）数据

越玩越喜欢的成语接龙 / 郭凤英编. --北京：中国纺织出版社，2015.12（2023.4重印）

ISBN 978-7-5180-1858-1

Ⅰ. ①越… Ⅱ. ①郭… Ⅲ. ①汉语—成语—青少年读物 Ⅳ. ①H136.3-49

中国版本图书馆CIP数据核字（2015）第172273号

责任编辑:赵晓红　　责任印制:储志伟

中国纺织出版社出版发行

地址：北京市朝阳区百子湾东里A407号楼　邮政编码：100124

销售电话：010－67004422　传真：010－87155801

http: //www.c-textilep.com

E-mail: faxing@c-textilep.com

中国纺织出版社天猫旗舰店

官方微博http://weibo.com/2119887771

永清县晔盛亚胶印有限公司印刷　各地新华书店经销

2015年12月第1版　2023年4月第3次印刷

开本:710×1000　1/16　印张:13

字数：140千字　定价：42.00元

凡购本书，如有缺页、倒页、脱页，由本社图书营销中心调换

前　言

成语接龙是中华民族传统的文字游戏。它有着悠久的历史，也有着广泛的社会基础，是老少皆宜的文化娱乐活动！学生在小学阶段学习的成语不少，有些成语是寓言故事，有些成语是历史故事，这些成语是我国文学宝库中的明珠，是我们民族智慧的结晶。小学生应该要从成语中吸收营养，从成语中得到知识，并应用成语启迪他们的智慧，提高语言表达能力。为此，我们应该从小就注重成语的积累，高年级更应如此。积累成语，可以从课本中积累，除此，更要鼓励学生从课外书籍上搜集成语，并长期坚持。

本书根据小学生的特点，将成语接龙分成了“数字成语接龙”“生肖成语接龙”“自然成语接龙”等，形式活泼，让成语变得简单易记。此外，书中还有成语的释义，并穿插了一些富有历史知识和教育意义的故事，让孩子读起来趣味盎然，受益匪浅。

编　者

2015 年 4 月

目 录

第一章　数字成语接龙

完成接龙

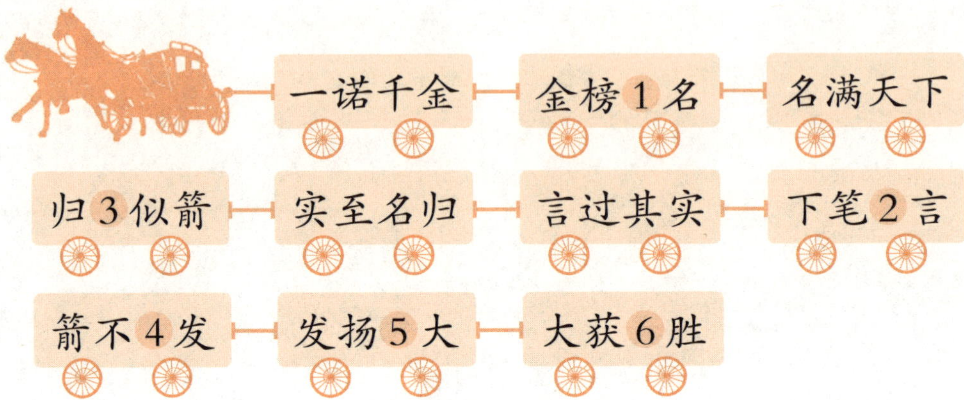

成语解释

一诺千金	许下的一个承诺有千金的价值。比喻说话算数，极有信用。
金榜题名	指古代科举中被殿试录取。
名满天下	形容非常出名。
下笔千言	指文思非常敏捷。
言过其实	原指言语浮夸。现多指话说得太夸大，超过实际。
实至名归	指有了真正的学识，名誉自然也就有了。
归心似箭	形容回家心切。
箭不虚发	形容射箭的本领很高超，每发必中。
发扬光大	指使好的事或传统等得到发展，使之更显著。
大获全胜	形容取得全面性的胜利。

成语故事

一诺千金

西汉时期，有一个叫季布的人，他助人为乐，行侠仗义，有很大的名声。后来，有一个叫作曹邱生的人前去拜访季布。季布听说这个人喜欢结交权贵，所以故意不给他好脸色看。曹邱生对季布的脸色视而不见，很热情地对他说：“我们家乡有句流行语，‘得黄金一千两，不如得到季布的一个承诺’，你为什么会有这么高的名声呢？是因为我在不停地宣扬你的好名声啊！你见到我为什么这么不高兴呢？”

季布一听，立刻开心起来，热情地接待曹邱生，并且还送给曹邱生丰厚的礼物。曹邱生回到家后，更加卖力地宣扬季布的名声。从此，季布的名声越来越大了。

后来，人们用“一诺千金”来形容一个人讲信用，所做出的承诺非常值钱。

成语集合

一步登天 — 一臂之力 — 一成不变 — 一尘不染

一触即发 — 一帆风顺 — 一发千钧 — 一定之规

接龙答案

1 题　2 千　3 心　4 虚　5 光　6 全

完成接龙

成语解释

二分明月	古人认为天下明月共三分，扬州独占二分。原用于形容扬州繁华昌盛的景象。今用以比喻当地的月色格外明朗。
月黑风高	高：大。没有月光、风又很大的夜晚。比喻险恶的环境。
高山流水	比喻知己或知音，也比喻乐曲高妙。
水性杨花	比喻年轻女子作风轻浮，感情不专一。
花好月圆	比喻美好圆满的家庭生活。
圆首方足	首：头；足：脚。古时候的人概括人类的基本特征。现泛指人类。
足不出户	脚不跨家门，形容不与外界接触。
户枢不朽	户枢：门的转轴；朽：腐烂，败坏。经常转动的门轴不易坏。比喻经常运动的东西不易受侵蚀。
朽木粪土	朽木：烂木头；粪土：脏土臭泥。比喻不堪造就的人或一些没用的东西。
土崩瓦解	完全崩裂，像土崩塌、瓦破碎一样，不可收拾。比喻彻底垮台或溃败。

成语故事

二分明月

扬州自古以来就是个有名的地方，大禹分九州，其中就有扬州。吴王夫差曾经在这里开凿邗沟，沟通长江和淮河。后来，扬州逐渐成为重要的交通枢纽，经济发达。隋炀帝为了游览扬州，在原有的运河基础上，发动无数劳役，开凿了大运河。来到扬州之后，隋炀帝贪图这里的繁华，竟然滞留下来，直到隋朝灭亡。由于大运河的漕运不断发展，唐朝时的扬州更加美丽，后有唐朝诗人徐凝写道：“天下三分明月夜，二分无赖是扬州。”

后来，人们用“二分明月”来形容扬州繁华昌盛的景象。

成语集合

二三其德 — 二缶钟惑 — 二惠竞爽 — 二竖为灾

二人同心，其利断金 — 二三其意 — 二姓之好

接龙答案

1 黑 2 杨 3 月 4 出 5 不 6 木

完成接龙

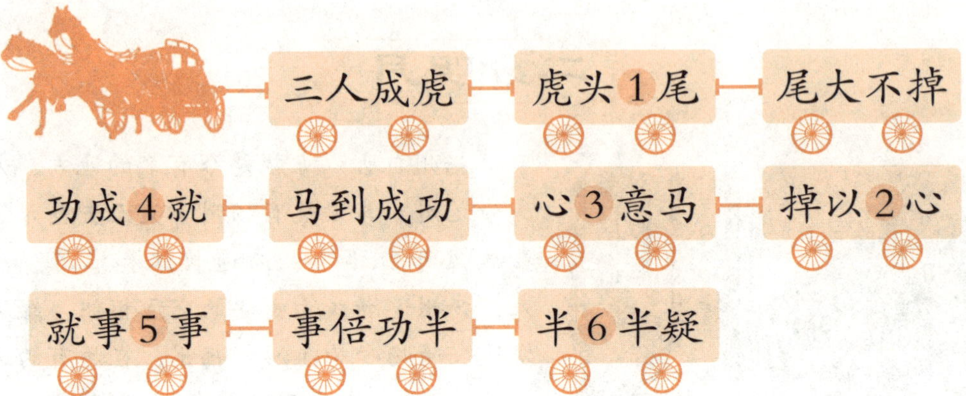

成语解释

成语	解释
三人成虎	比喻说的人多了，就能让人们把谣言当成事实。
虎头蛇尾	比喻开始时声势很大，到后来劲头很小，有始无终。
尾大不掉	旧时比喻部下的势力过大，难以驾驭。现比喻机构庞大，指挥不灵。
掉以轻心	对事情采取轻率的漫不经心的态度。
心猿意马	心思好像猴子跳、马奔跑一样控制不住。形容心里东想西想，主意变化无常。
马到成功	形容事情顺利，刚开始就取得成功。
功成名就	形容一个人功绩取得了，名声也就有了。
就事论事	按照事物本身的性质来评论是非得失。现常指仅从事物的表面现象孤立、静止、片面地议论。
事倍功半	指做事费力大，收效小。
半信半疑	有点相信，又有点怀疑。表示对真假是非不能肯定。

成语故事

三人成虎

战国时期，魏国大臣庞恭陪着魏太子到赵国去当人质，在临行前庞恭对魏王说："现在若是有一个人跟您说街市上有老虎，大王您会相信吗？"魏王说："我不相信。"庞恭说："如果有两个人这么说，大王您会信吗？"魏王说："我会质疑。"庞恭又说："如果是三个人说呢，大王您会信吗？"魏王说："我会相信。"庞恭就对魏王说："集市上不会有老虎，但是有三个人说集市上有老虎，您就真的相信集市上有老虎了。现在魏国的国都大梁到赵国国都邯郸的距离比起到街市远多了，而议论我的人也肯定不少。希望大王能谨慎考虑那些人说的话。"

魏王说："我会一直相信你的。"

果然不出庞恭所料，在他走了之后，诋毁他的声音就多了起来。等他从邯郸返回后，果然魏王不再信任他了，再也没有接见他。

后来，人们用"三人成虎"来形容说的人多了，就容易让人把谣言当成事实。

成语集合

三足鼎立 — 三顾茅庐 — 三更半夜 — 三纲五常 — 三从四德 — 三朝元老 — 三茶六饭 — 三番两次

接龙答案

1 蛇 2 轻 3 猿 4 名 5 论 6 信

完成接龙

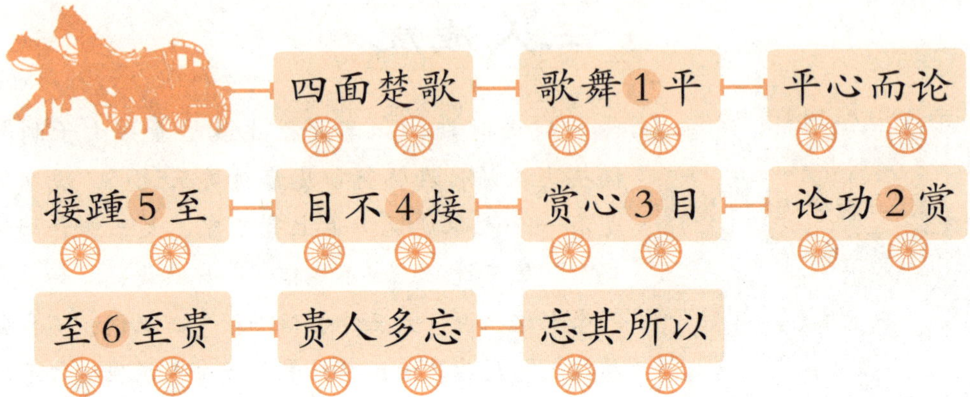

成语解释

成语	解释
四面楚歌	比喻陷入四面受敌、孤立无援的境地。
歌舞升平	一边唱歌一边跳舞，庆祝太平。多指粉饰太平的意思。
平心而论	平心静气地给予公允的评论。
论功行赏	按功劳的大小给予奖赏。
赏心悦目	看到美好的景色而心情愉快。
目不暇接	形容美好的东西多，眼睛都看不过来。
接踵而至	形容来的人或事连绵不断。
至尊至贵	多指地位身位最高贵最尊严的人。
贵人多忘	旧指地位高的人对人或事傲慢。现多讽刺人健忘。
忘其所以	忘记了一切。指过于兴奋而忘记一切。

成语故事

四面楚歌

楚汉争霸时期，项羽攻占秦都咸阳之后，烧杀掳掠，引得人民怨声载道。汉王刘邦趁着项羽想要衣锦还乡的机会，率大军将项羽的军队围在垓下。张良设下“四面楚歌”的妙计，命众将士高唱楚地歌曲，让项羽误以为汉军已经占领了楚地，连楚人都背叛了他。灰心丧气之下，项羽最终自刎身亡。

后来，人们用“四面楚歌”来比喻陷入四面受敌、孤立无援的境地。

成语集合

四战之国 — 四海升平 — 四分五裂 — 四郊多垒 — 四海鼎沸 — 四海为家 — 四亭八当 — 四通八达

接龙答案

1 升　2 行　3 悦　4 暇　5 而　6 尊

完成接龙

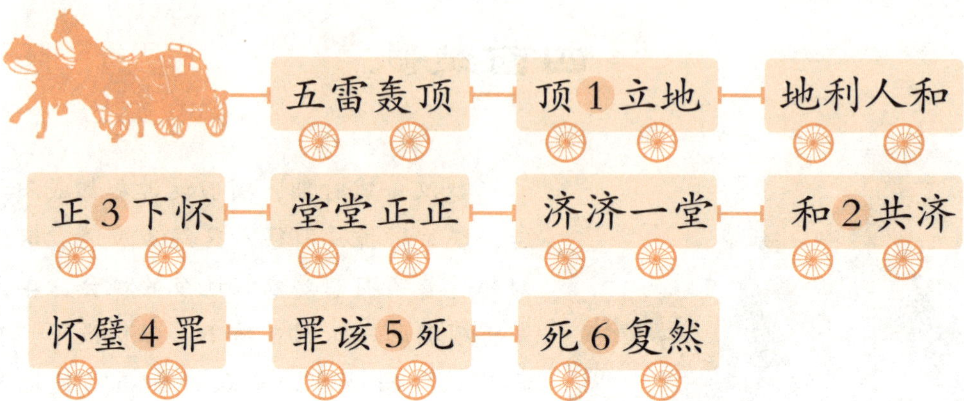

成语解释

五雷轰顶	人干了很坏的伤天害理的事后，一定会遭到上天用各种形式的惩罚。现在比喻遭到巨大的打击。
顶天立地	头顶云天，脚踏大地。形容形象高大，气概豪迈。
地利人和	利：地理上的有利形势。人和：得人心。指地理条件优越，群众基础好。
和衷共济	衷：内心；济：渡。大家一条心，共同渡过江河。比喻上下团结，共同克服困难。
济济一堂	济济：形容人多的样子；堂：大厅；形容许多有才能的人聚集在一起。
堂堂正正	堂堂：盛大的样子；正正：整齐的样子。原形容强大的整齐的样子。现也形容光明正大。
正中下怀	下怀：指自己的心意。正合自己的心意。
怀璧之罪	身藏璧玉，因此而招惹罪祸。原指财能致祸。后也比喻有才能而遭受忌妒和迫害。
罪该万死	万死：处一万次死刑。形容罪恶极大，处死一万次也难平民愤。
死灰复燃	冷灰重新烧了起来。原比喻失势的人重新得势。现常比喻已经消失了的恶势力重新活动起来。

成语故事

五雷轰顶

唐朝信州有个叫叶迁韶的人，整年在野外打柴放牧。一天突然下起了大雨，叶迁韶便跑到一棵大树下躲避。这时一声霹雳，大树被雷劈成两半，结果雷公正好飞过此处，没看清楚，就被树的裂缝给夹住了，叶迁韶用石片把树分开雷公才得以脱身。

于是，雷公教给时迁韶打雷降雨的方法，同时也叮嘱他：“我有兄弟五个，你召唤老大、老二就行了。老五脾气很暴躁，不到危急的时刻，千万不要召唤他。”后来，叶迁韶在吉州被太守抓起来。叶迁韶站在院子里，召唤雷五，解救了吉州的旱灾，他自己因此而免除了牢狱之灾。

后来，人们用“五雷轰顶”来比喻遭到了巨大的打击。

成语集合

五世其昌 — 五颜六色 — 五湖四海 — 五体投地

五花八门 — 五内如焚 — 五陵豪气 — 五风十雨

接龙答案

1 天 2 衷 3 中 4 之 5 万 6 灰

完成接龙

成语解释

六马仰秣	秣：牲口吃的饲料。形容乐声美妙，连马都抬起头倾听，不再吃食。
秣马厉兵	磨快兵器，喂饱马。形容做好战斗准备。
兵荒马乱	形容战争期间社会混乱不安的景象。
乱世英雄	混乱动荡时代中的杰出人物。
雄心壮志	指远大的理想和宏伟的志愿。
志得意满	志向和意愿都得到满足。
满面春风	形容满面愉快、得意的神情。
风云人物	指言行能影响局势发展的人。
物是人非	形容对故乡人的怀念。
非同小可	形容事情很重要，不可轻视。

成语故事

六马仰秣

中国古代有一位著名的音乐家叫伯牙，他非常擅长弹琴。古人称之为：“伯牙鼓琴，而六马仰秣。”“仰秣”是“抬头”的意思，这句话的大意是，每当伯牙弹琴时，即使是正在吃食的马也会被这美妙的音乐声引得抬起头来倾听。

后来，人们用“六马仰秣”来形容乐声美妙，连马都抬起头来倾听。

成语集合

六朝金粉 — 六神无主 — 六月飞霜 — 六阳会首

六根清静 — 六亲不认 — 六街三市 — 六韬三略

接龙答案

1 厉 2 马 3 壮 4 意 5 人 6 小

完成接龙

成语解释

七步成章	形容有才气，文思敏捷。
章决句断	指文章断句清楚，不含糊。
断章取义	指引证文章或谈话时，只取自己想要的几句，不顾原意。
义无反顾	道义上只有勇往直前，不容退缩。
顾此失彼	形容做事无法面面俱到或穷于应付。
彼昌此和	比喻一方倡导，另一方附和，彼此呼应。
和蔼可亲	指态度温和，容易接近。
亲如手足	原指兄弟之间的情谊。现形容关系很密切，就像亲兄弟一样。
足智多谋	指有很丰富的智慧，很多计谋。
谋无遗策	指计谋很周密，没有遗漏。

成语故事

七步成章

三国时期，曹操的小儿子曹植才思敏捷，因此遭到哥哥曹丕的忌恨。曹丕继位后更是处处限制和打击曹植。有一次，曹丕伺机把曹植抓起来，要处曹植死罪，但又碍于母亲和其他人的劝说，于是要他在走完七步的时间里作出一首诗。如果能作出来，就免他一死。曹植不等其话音落下，便应声吟出一首《七步诗》：“煮豆持作羹，漉菽以为汁；萁在釜下燃，豆在釜中泣；本自同根生，相煎何太急！”曹丕听后，勾起手足之情，自觉羞愧，最后放了曹植。

后来，人们用“七步成章”来形容一个人才思敏捷。

成语集合

七长八短 — 七步之才 — 七拼八凑 — 七零八落 — 七窍生烟 — 七手八脚 — 七擒七纵 — 七上八下

接龙答案

1 决　2 章　3 无　4 此　5 如　6 多

完成接龙

成语解释

八仙过海，各显神通	比喻做事各有各的办法，也有各自拿出自己的本领比赛的意思。
通情达理	形容很懂道理，言行合乎情理。
理直气壮	指理由正确充分，说话很有底气。
壮志凌云	形容志向宏伟、远大。
云开见日	比喻黑暗消失，又见光明。
日久开长	形容时间很久。
长治久安	指社会统治稳定，长久安定。
安身立命	旧指生活有着落，精神有寄托。
命世之才	原指应生命而生的人才。现指声望很高的杰出人才。
才华横溢	指才能高超。多用于文艺方面。

成语故事

八仙过海，各显神通

有一次，八仙到蓬莱阁聚会饮酒，喝到尽兴时，铁拐李提议乘兴到海上一游。大家此时都很高兴，都纷纷附和，并商定各凭道法渡海，不得乘舟。

只见汉钟离把他的大芭蕉扇扔进海里，袒胸露腹仰躺在扇子上，飘摇而去。何仙姑则将手中荷花放入水中，荷花顿时发出万道红光，何仙姑伫立荷花之上，随波漂游。随后，吕洞宾、张果老、曹国舅、铁拐李、韩湘子、蓝采和也纷纷施展各自本领，借助宝物大显神通，畅游东海。

后来，人们用“八仙过海，各显神通”比喻做事各有各的办法，也有各自拿出自己的本领比赛的意思。

成语集合

八拜之交 — 八斗之才 — 八难三灾 — 八门五花

八面威风 — 八两半斤 — 八面玲珑 — 八字没有一撇

接龙答案

1 达 2 直 3 凌 4 开 5 久 6 横

完成接龙

成语解释

成语	解释
九牛一毛	九条牛身上的一根毛。比喻极大数量中极微小的数量，微不足道。
毛手毛脚	指做事粗心大意。
脚踏实地	比喻做事踏实，不浮夸。
地大物博	指国家疆土辽阔，各种资源都很丰富。
博大精深	形容思想学识广而高深。
深恶痛绝	指对人或事极为厌恶、痛恨。
绝处逢生	指在毫无出路的情况下得到生路。
生机勃勃	指生命力旺盛，充满活力。
勃然大怒	形容人很愤怒。
怒形于色	指心中的怒气显露在脸上。

成语故事

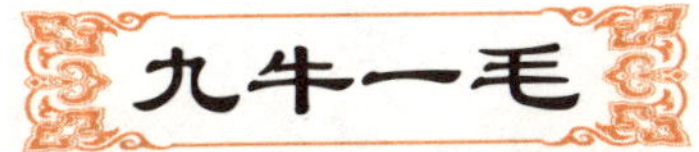

九牛一毛

汉朝大将李陵带着部队深入匈奴的国境。部队士气旺盛，越战越勇，这让汉武帝心里十分高兴。许多大臣也纷纷称赞李陵。

后来，李陵战败投降，这让汉武帝大发雷霆，原来夸奖李陵的大臣也都开始责骂李陵的无用和不忠。而司马迁却始终站在一旁沉默不语，汉武帝向司马迁询问意见，司马迁直言不讳地说道：“李陵以少对多，虽然兵力与敌方悬殊，但是仍连战十几天，杀伤了一万多个敌人，他已经是一位了不起的将军了。”汉武帝听了司马迁的话后，一怒之下将司马迁打入大牢。

其他大臣为了献媚汉武帝而纷纷诬陷司马迁，使司马迁被施予了“宫刑”。司马迁痛不欲生，想要自杀，但转念一想，他若是就这样卑微的死去，在许多大富大贵的人眼中，不过像“九牛一毛”，不仅得不到同情，反而会惹人耻笑。于是他决心忍辱负重，用自己剩下的生命和时间来艰苦、顽强地完成《史记》的写作。

后来，人们用“九牛一毛”来比喻极大数量中极微小的数量，微不足道。

成语集合

九九归一 — 九合一匡 — 九牛二虎之力 — 九死不悔 — 九霄云外 — 九泉之下 — 九五之尊 — 九死一生

接龙答案

1 毛 2 踏 3 大 4 逢 5 勃 6 然

完成接龙

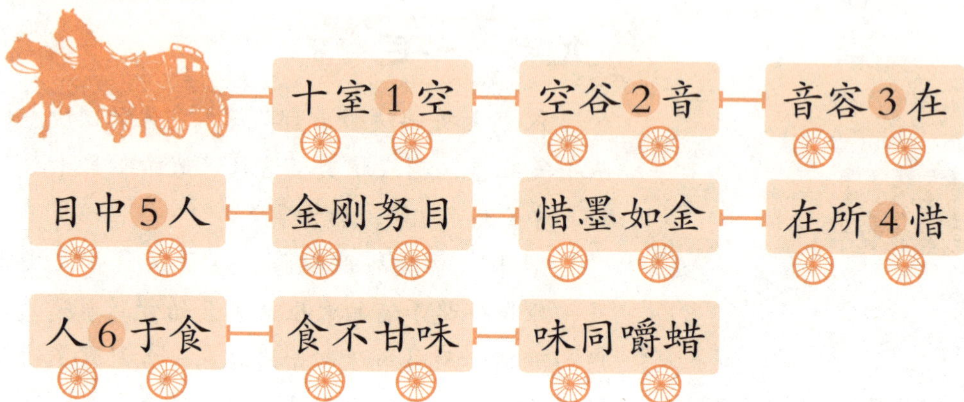

成语解释

成语	解释
十室九空	室：人家。十家有九家一无所有。形容因灾祸、战乱而使百姓大量死亡或逃亡后的荒凉景象。
空谷足音	在寂静的山谷里听到脚步声。比喻极难得到音信、言论或来访。
音容宛在	声音和容貌仿佛还在。形容对死者的怀念。
在所不惜	惜：吝惜。无论在什么时候，什么情况下都不吝惜。
惜墨如金	惜：爱惜。爱惜笔墨如同金子一般。指不轻易动笔。
金刚努目	努目：因发怒而瞪眼。形容面目严厉威猛，使人望而生畏。
目中无人	眼睛里没有别人。形容极其骄傲自大，看不起别人。
人浮于食	浮：在上，超过；食：俸禄。原指人的职位超过所得俸禄的等级。后用来比喻人多而事少。
食不甘味	甘味：滋味好。指吃东西都觉得没有味道。形容忧虑不安或操劳。
味同嚼蜡	味道像嚼蜡一样。形容文章、语言等枯燥无味。

成语故事

十室九空

有一次，开宝寺的灵感塔发生了火灾。有人传言说，灵感塔中的佛舍利没有烧毁，还一直闪闪发光。接着，他们乘机鼓吹迷信，蛊惑人心，想重新修复灵感塔，结果弄得宋仁宗也没了主意。于是，余靖上书说：“我听说，古代的贤明帝王，都勤劳俭朴、推行德政，即使发生了灾难，也会安全渡过。如今自西部边境用兵以来，国库空虚，财力耗尽，百姓没有钱物积蓄，十家人有九家都已经空了。如果陛下痛改自己的过失，担心天下人所担心的，那么百姓就会安居乐业了。如果不体恤百姓的疾苦，而是想用供奉佛舍利的办法来企求天下太平，这不是天下人所希望的。佛舍利本来就埋藏在土中，大火根本就烧不着，怎么能被烧毁呢？还有人说佛舍利能发出奇异的光泽，一定是有神灵的庇护，这种说法更是无稽之谈。如果说神仙有灵，那怎么连一个佛塔都保护不了，又怎能靠它来保护天下百姓呢？”

后来，人们用“十室九空”来形容因灾祸、战乱而使百姓大量死亡或流亡后的荒凉景象。

成语集合

十病九痛 — 十行俱下 — 十恶不赦 — 十年寒窗

十拿九稳 — 十万火急 — 十死一生 — 十指连心

接龙答案

1 九　2 足　3 宛　4 不　5 无　6 浮

完成接龙

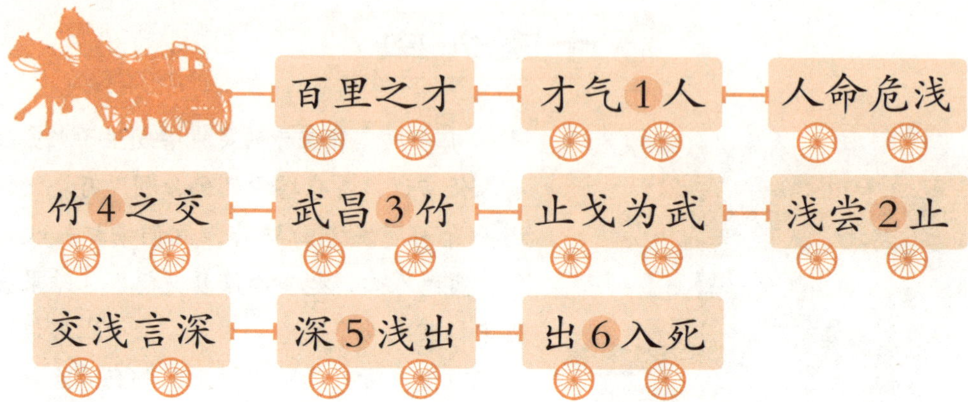

成语解释

成语	解释
百里之才	百里：百里之地。指能治理方圆百里地区的人才。后称才能平常的人。
才气过人	才：才能；气：气魄。才能和气魄胜过一般的人。
人命危浅	浅：时间短。形容寿命不长，即将死亡。
浅尝辄止	浅：浅略；尝：尝试；辄：就；止：停止。略微尝试一下就停止。比喻不肯深入钻研、研究。
止戈为武	指不使用武器而能平息战乱，才是真正的武功。
武昌剩竹	比喻尚可备用的材料。
竹马之交	形容童年时代就要好的朋友。
交浅言深	交浅：形容交往不深，关系不是很密切。跟交情浅的人谈心里话。
深入浅出	指讲话或文章的内容深刻，语言文字却浅显易懂或内容或道理很深刻，但表达得浅显通俗。
出生入死	原意是从出生到死去。后形容冒着随时有丧失生命的危险或经历过极大的危险。

成语故事

百里之才

三国时，刘备、诸葛亮等人出巡至广都，发现县令蒋琬不理政务，而且醉得一塌糊涂。刘备勃然大怒，要将蒋琬治罪，诸葛亮劝刘备说：“蒋琬是社稷之器，而非百里之才，为政以安民为本，不以修饰为先，望主公明察。”刘备素来敬重诸葛亮，于是将蒋琬免罪，但还是将其罢免。

后来，人们用“百里之才”来比喻能治理方圆百里地区的人才。后称才能平常的人。

成语集合

百步穿杨 — 百尺竿头 — 百川归海 — 百口莫辩

百代文宗 — 百读不厌 — 百端交集 — 百家争鸣

接龙答案

1 过 2 辄 3 剩 4 马 5 入 6 生

完成接龙

成语解释

千方百计	想尽或用尽一切办法。
计日程功	工作进度或成效可以按日计算。形容进展快，有把握按时完成。
功成名就	功绩取得了，名声也有了。
就事论事	按照事物本身的性质来论定是非得失。现常指仅从事物的表面现象孤立、静止、片面地议论。
事倍功半	指做事费力大，收效小。
半信半疑	有点相信，又有点怀疑。表示对真假是非不能肯定。
疑神疑鬼	这也怀疑，那也怀疑。形容人非常多疑。
鬼斧神工	形容建筑、雕塑等技艺的精巧，非人工所能为。
工力悉敌	双方用的功夫和力量相当。常形容两个优秀的艺术作品不分上下。
敌不可纵	对敌人不能放纵。

成语故事

千方百计

南宋理学家朱熹在谈论《论语·泰伯》中的一句话“学如不及，犹恐失之”的时候，大发感慨：“如今的知识分子太不拿学习当回事了。这就好像是捉贼，用尽所有的精神和力气，千方百计地去追赶，这样都害怕有可能会失败。那些知识分子却坐视自己知识上的不足，无动于衷，这种人能拿他怎么样呢？急了才起来走两步，累了就马上休息，这样的人能干出什么大事呢？”

后来，人们用“千方百计”来比喻用尽或想尽一切办法。

成语集合

千变万化 — 千变万状 — 千头万绪 — 千人一面

千仓万箱 — 千差万别 — 千呼万唤 — 千金一掷

接龙答案

1 日　2 名　3 功　4 半　5 神　6 悉

完成接龙

成语解释

万籁俱寂	形容周围环境非常安静，一点儿声响都没有。
寂若死灰	好像燃烧后的灰烬一样寂静无声。形容非常寂静。
灰心丧气	形容因遭受失败而失去信心，意志消沉。
气傲心高	志气高傲。
高枕无忧	比喻认为太平无事而无忧无虑，放心警惕。
忧国忧民	为国家大计和人民疾苦而忧虑。
民富国强	人民富裕，国家强大。
强词夺理	指没有道理硬说有道理。
理屈词穷	因理亏而无话可说。
穷途末路	指无路可走的境地。

成语故事

万籁俱寂

唐朝有个诗人叫常建，他虽然考中了进士，但是仕途却十分坎坷，到了40岁才当上了一个县尉。不过，他一生游历了许多山川名胜，写了不少田园诗，在常熟的虞山上他写下了他的成名诗《题破山寺后禅院》：“清晨入古寺，初日照高林。曲径通幽处，禅房花木深。山光悦鸟性，潭影空人心。万籁此俱寂，但余钟磬音。”

后来，人们用“万籁俱寂”来形容周围环境非常安静，一点儿声响都没有。

成语集合

万不得已 — 万事大吉 — 万古长青 — 万古流芳

万古千秋 — 万缕千丝 — 万人空巷 — 万念俱灰

接龙答案

1 俱 2 丧 3 无 4 忧 5 词 6 屈

第二章　生肖成语接龙

完成接龙

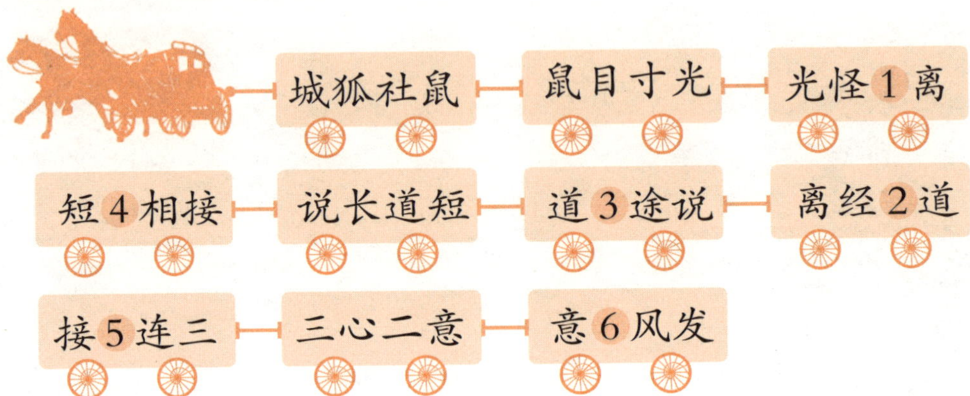

成语解释

城狐社鼠	社：土地庙。城里的狐狸，土地庙里的老鼠。比喻有所依恃而胡作非为的坏人。
鼠目寸光	形容目光短浅，没有远见。
光怪陆离	光怪：光彩奇异；陆离：色彩繁杂、变化多端的样子。形容现象奇形怪状，五颜六色。
离经叛道	原指违反封建统治阶级所尊奉的经典和教条。现泛指背离占主导地位的理论或学说的言论和行为。
道听途说	路上听来的、路上传播的话。泛指没有根据的传闻。
说长道短	议论别人的好坏是非。
短兵相接	指近距离搏斗。比喻面对面地进行激烈的斗争。
接二连三	指一个接一个，连续不断。
三心二意	形容犹犹豫豫，意志不坚定。常指不安心，不专一。
意气风发	形容精神振奋，气概昂扬。

成语故事

城狐社鼠

晋朝的时候，有个左将军叫王敦，他的长官是谢鲲，他俩常在一块儿议论朝廷上的事情。

有一天，王敦对谢鲲说："刘隗这个人，奸邪作恶，危害国家，我想把这个恶人从君王身边除掉，以此来报效朝廷。你看行吗？"

谢鲲想了一想，摇着头说："使不得啊，刘隗的确是个坏人，但也是城狐社鼠啊！要抓狐狸，恐怕要把城墙弄坏；要用火熏死老鼠，或用水灌死老鼠，又怕毁坏了神社庙宇。如今这个刘隗就好比那城上的狐狸、社庙里的老鼠。他是君王左右的近臣，势力相当大，又有君王做靠山，恐怕不容易除掉他。"

王敦听了谢鲲的话，虽然心里不高兴，但也只好作罢。

后来，人们用"城狐社鼠"来比喻有所依恃而胡作非为的坏人。

成语集合

鼠窃狗盗 — 鼠牙雀角 — 抱头鼠窜 — 胆小如鼠

过街老鼠 — 狐奔鼠窜 — 猫鼠同眠 — 投鼠忌器

接龙答案

1 陆 2 叛 3 听 4 兵 5 二 6 气

完成接龙

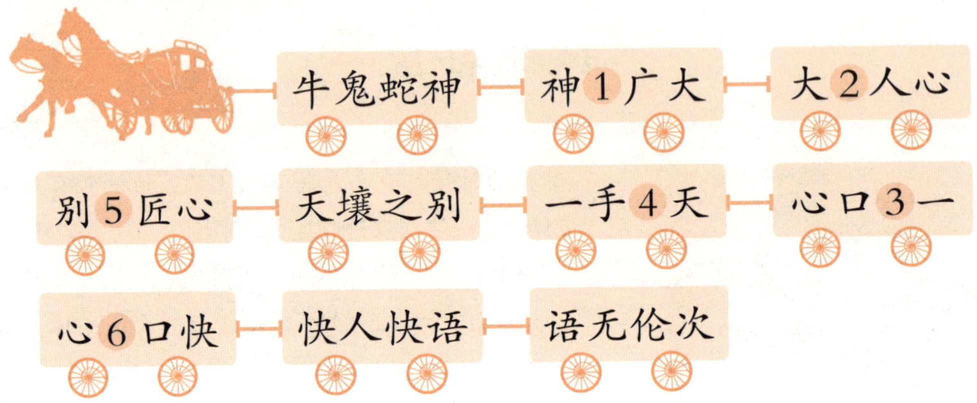

成语解释

牛鬼蛇神	长着牛头的鬼，长着蛇身的神。原形容虚幻怪诞。后比喻社会上形形色色的坏人。
神通广大	本指法术广大无边。现形容本领高超，无所不能。
大快人心	指坏人坏事受到惩罚或打击，使大家心里非常痛快。
心口如一	心里想的和嘴里说的一样。形容诚实直爽。
一手遮天	一只手把天遮住。形容倚仗权势，玩弄手段，蒙蔽群众。
天壤之别	比喻差别很大。
别具匠心	指在艺术或技艺方面有与众不同的巧妙构思。
心直口快	心里想什么就说什么，性格直爽。
快人快语	痛快人说痛快话。
语无伦次	说话颠三倒四，没有条理。

成语故事

牛鬼蛇神

唐朝多才而短命的诗人李贺留下了许多脍炙人口的诗篇，如“雄鸡一唱天下白”“黑云压城城欲摧”等名句，至今仍被人传诵。诗人杜牧还专门给他写《李贺集序》，评价他的诗是：“鲸呿鳌掷，牛鬼蛇神，不足为其虚荒诞幻也。”

“牛鬼蛇神”原指长着牛头的鬼，长着蛇身的神，形容虚幻怪诞。

后来，人们用“牛鬼蛇神”比喻社会上形形色色的坏人。

成语集合

牛头马面——牛溲马勃——牛蹄中鱼——牛刀割鸡

牛鼎烹鸡——牛头不对马嘴——牛刀小试——牛衣对泣

接龙答案

1 通 2 快 3 如 4 遮 5 具 6 直

完成接龙

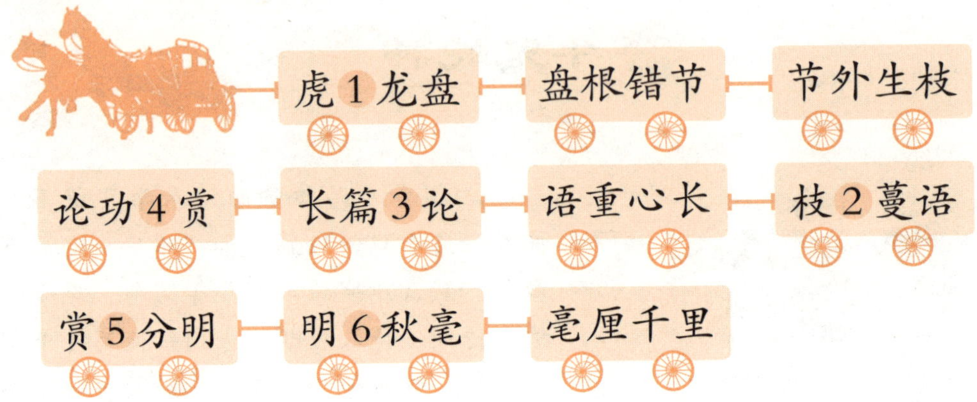

成语解释

虎踞龙盘	形容地势雄伟险要。
盘根错节	比喻事物关系复杂，很难处理。
节外生枝	比喻在不该出问题的地方出现了新问题。现多指故意设置障碍；使事情不能顺利解决。
枝词蔓语	形容言词很烦琐。
语重心长	话语郑重而又情意深长。
长篇大论	指冗长的发言或文章。
论功行赏	按功劳的大小进行奖赏。
赏罚分明	该赏就赏，该罚就罚。形容奖惩分明。
明察秋毫	指人目光敏锐，能看清楚极细小的东西。现多形容人能洞察事理。
毫厘千里	毫厘：微小的计量单位。指开始细小的差错最终导致很大的错误。

成语故事

虎踞龙盘

三国时期，刘备为了抵抗曹操，想与孙权联合。于是刘备便派诸葛亮到建业去游说孙权。诸葛亮到了建业之后，看到秣陵的山势地形，感慨地说：“紫金山山势险峻，像一条龙环绕建业，石头城很威武，像老虎蹲踞着，这是帝王建都的好地方。”

后来，孙权果然在这里建立了吴国，自称皇帝。

后来，人们用“虎踞龙盘”来形容地势雄伟险要。

成语集合

虎口拔牙——虎口余生——虎头虎脑——虎略龙韬——虎头燕颔——虎背熊腰——虎头蛇尾——虎视眈眈

接龙答案

1 踞 2 词 3 大 4 行 5 罚 6 察

完成接龙

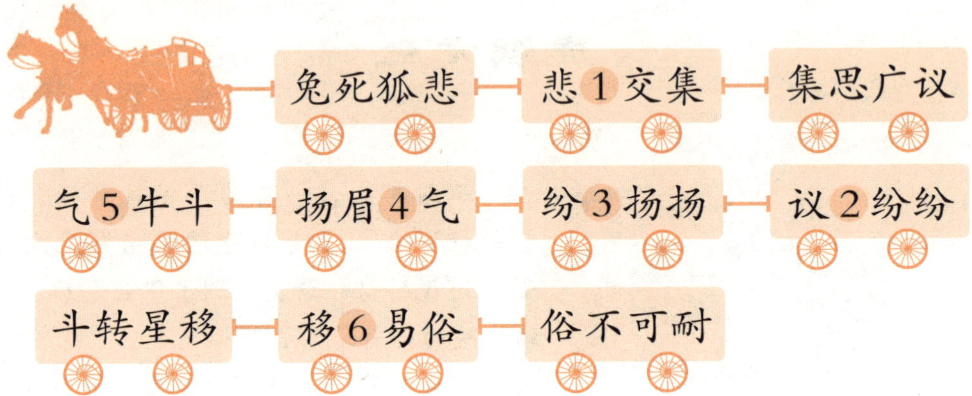

成语解释

兔死狐悲	兔子死了，狐狸感到悲伤。比喻因自己同类的死亡而感到悲伤。
悲愤交集	悲痛和愤怒、交结在内心中。
集思广议	同“集思广益”。指集中大家的意见和智慧，以取得更好的效果。
议论纷纷	形容说话众多，意见不统一。
纷纷扬扬	扬扬：升腾的样子。形容雪花、树叶等随处飘散。
扬眉吐气	形容长期被压抑的心情得到舒展后高兴痛快的样子。
气冲牛斗	牛、斗：指牵牛星和北斗星，泛指天空。形容气势或怒气很盛。
斗转星移	指季节或时间的改变。
移风易俗	移：改动；易：改换。指改变旧的习俗。
俗不可耐	指太庸俗而使人无法忍受。

成语故事

兔死狐悲

南宋时期，李全和杨妙真率领山东农民，掀起了抗金斗争的浪潮。

公元1227年，南宋派太尉夏全领兵进攻楚州，围剿当时已被蒙古军逼降的杨妙真、李全他们。杨妙真派人去争取夏全，对他说："你不也是从山东率众归附宋朝的吗？如今你却带兵来攻打我们。打个比方说，狐狸死了，兔子感到悲伤哭泣；如果我们的部队灭亡了，难道独有你夏全能生存吗？希望将军和我们团结起来。"听了这番话，夏全就脱离了南宋，跟农民军联合起来。

后来，人们用"兔死狐悲"来形容因自己同类的死而感到悲伤。

成语集合

守株待兔 — 兔起鹘落 — 兔走乌飞 — 兔死狗烹

狡兔三窟 — 犬兔俱能 — 见兔顾犬 — 见兔放鹰

接龙答案

1 愤 2 论 3 纷 4 吐 5 冲 6 风

完成接龙

成语解释

直捣黄龙	黄龙：黄龙府，金人腹地。后泛指敌巢。指直冲敌人巢穴。
龙腾虎跃	像龙在飞腾，像虎在跳跃。形容非常活跃的姿态。比喻某人奋起行动，有所作为。
跃然纸上	活跃地呈现在纸上。形容文学作品叙述、描写得真实生动。
上下相安	指地位高的人和地位低的人相安无事。
安如磐石	像巨大的岩石那样安然不动。形容非常稳固。
石破天惊	现比喻某一事物或文章议论新奇惊人。
惊天动地	指声势浩大或意义极大。
地利人和	指地理环境和群众基础都很好。
和风细雨	温和的风，细细的雨。比喻方式温和，不粗暴。
雨露之恩	比喻恩泽。

成语故事

直捣黄龙

南宋绍兴十年（1140年），岳飞在河南开封附近的郾城大破金兀术的主力部队，于是进兵朱仙镇，收复了郑州、洛阳等地。岳家军所到之处，当地百姓争相顶盆焚香迎接宋军；人们挽车牵牛，满载食物慰劳岳军将士。在此大好军事形势下，岳飞满怀喜悦地对部下说：“我们乘胜进军，直接打下黄龙府，那时再与诸位痛饮庆功酒吧！”

后来，人们用“直捣黄龙”来比喻直冲敌人巢穴。

成语集合

龙马精神——龙争虎斗——龙飞凤舞——龙潭虎穴

龙眉凤目——龙生九子——龙蛇混杂——龙章凤姿

接龙答案

1 纸 2 如 3 天 4 利 5 细 6 之

完成接龙

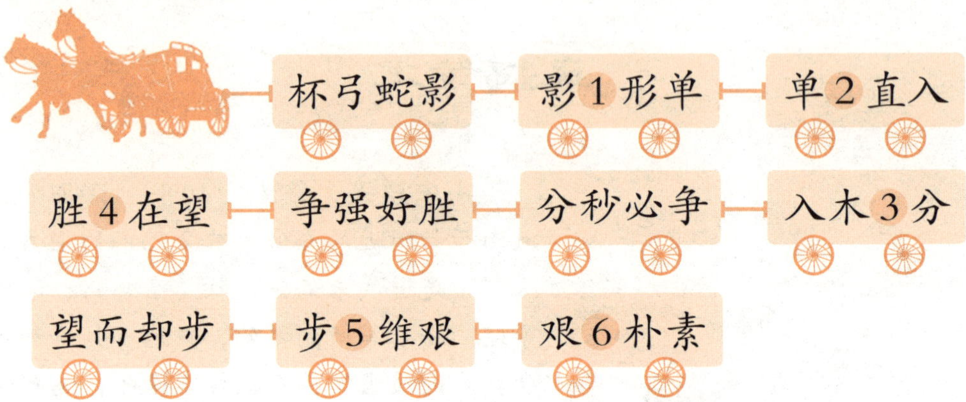

成语解释

杯弓蛇影	将映在酒杯里的弓影误认为蛇。比喻因疑神疑鬼而引起恐惧。
影只形单	形容非常孤单。
单刀直入	比喻说话、做事等比较直接。
入木三分	形容见解或分析很深刻。
分秒必争	每分每秒都要争取。形容抓紧时间。
争强好胜	争做强者，事事都想超过别人。
胜利在望	指胜利即将到来。
望而却步	形容一遇到困难或强敌时就往后退的怯弱表现。
步履维艰	指行走很艰难。
艰苦朴素	形容吃苦耐劳、勤俭节约的作风。

成语故事

杯弓蛇影

乐广在当河南尹的时候，有一位亲密的朋友很久都不来拜访了，于是乐广就问朋友不来的原因，朋友回答说：“前些日子去你家做客，承蒙你给我酒喝，但正当我端起酒杯要喝的时候，看见杯中有一条蛇，心里十分害怕，回去就得了重病。”当时，听事堂的墙壁上挂着一张角弓，弓上有漆画的蛇，乐广猜想那杯中的蛇就是角弓的影子了。于是他在原来的地方再次请那位朋友饮酒，并问朋友：“你是否在酒杯中又看见了什么东西？”朋友回答说：“所看到的跟上次一样。”于是乐广就告诉他其中的原因，朋友听了之后，心里豁然开朗，病立马就好了。

后来，人们用“杯弓蛇影”比喻因疑神疑鬼而引起恐惧。

成语集合

龙蛇飞动——打草惊蛇——虎头蛇尾——画蛇添足

蛇蝎心肠——虚与委蛇——养虺成蛇——岁在龙蛇

接龙答案

1 只 2 刀 3 三 4 利 5 履 6 苦

完成接龙

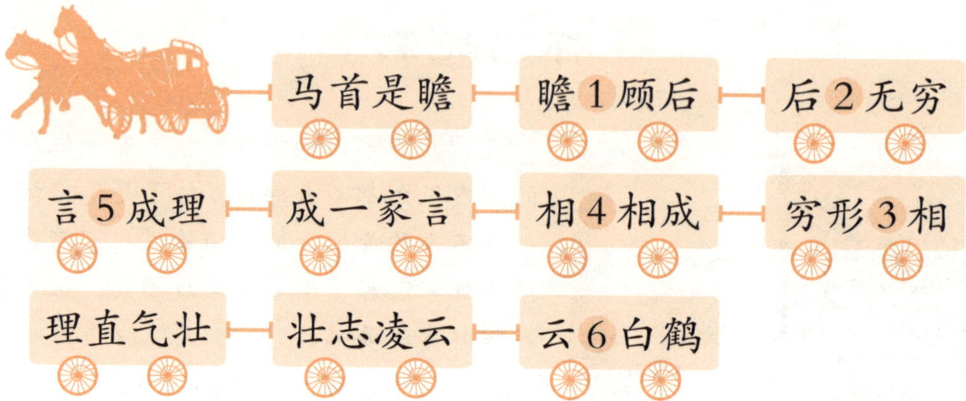

成语解释

马首是瞻	首：头；是：指示代词，起提前受事成分的作用；瞻：往前或向上看。原指作战时士卒看主将的马头行事。后比喻服从指挥或追随某人。
瞻前顾后	瞻：向前望；顾：回头看。原形容做事谨慎，考虑周密。现也形容顾虑太多，犹豫不决。
后患无穷	患：灾难，忧患；穷：尽。指今后的祸害及忧患没有穷尽。
穷形尽相	原指描写刻画细致生动。现在指人的丑态毕露。
相辅相成	辅：辅助。指两件事物相互辅助，相互促成，缺一不可。
成一家言	成：成为；言：言论，学说。指某一学问自成一派。
言之成理	讲得合乎道理。
理直气壮	理直：理由正确而充分；壮：旺盛。理由正确充分，说话气势旺盛。
壮志凌云	壮志：宏伟的志愿；凌云：直上云霄。形容志向十分宏伟远大。
云中白鹤	翱翔在云间的白鹤。比喻品德高尚、志向远大的人。

成语故事

马首是瞻

春秋时期，秦国十分强大，常欺负那些弱小的诸侯国，这引起了众诸侯国的强烈反感。公元前559年，晋悼公联合了其他诸侯国，组成联军去攻伐秦国。

指挥诸侯联军的是晋国的大将荀偃。他原先估计，秦国得知诸侯联军来进攻，肯定会惊慌失措，战争很容易取胜。没想到联军内部各怀异志，并不齐心，士气也很低落，秦国得知这些情况，所以一点儿也不怕，根本就没有求和的意思。

看到这种情况，荀偃就想早点发动总攻，他向联军将领发布命令说：“明天早上鸡一叫，我们就准备出发，各军都要拆掉土灶，填平水井，以便布阵。作战时，大家都看着我的马头来行动，我指向哪里，大家就奔向哪里。”

荀偃手下的将领听了，觉得他太专横了，很反感。有个将领说：“晋国从来就没有下过这种命令。你要向西去打秦国，那你自己去吧，我的马头可要向东，回到我们晋国去。”

最后，全军顿时不战自乱，荀偃眼看无法挽回，也只好狼狈地撤军了。

后来，人们用“马首是瞻”来比喻服从指挥或追随某人。

成语集合

马齿徒增 — 马到成功 — 马革裹尸 — 马马虎虎

马后炮 — 马前卒 — 马不停蹄 — 老马识途

接龙答案

1 前 2 患 3 尽 4 辅 5 之 6 中

完成接龙

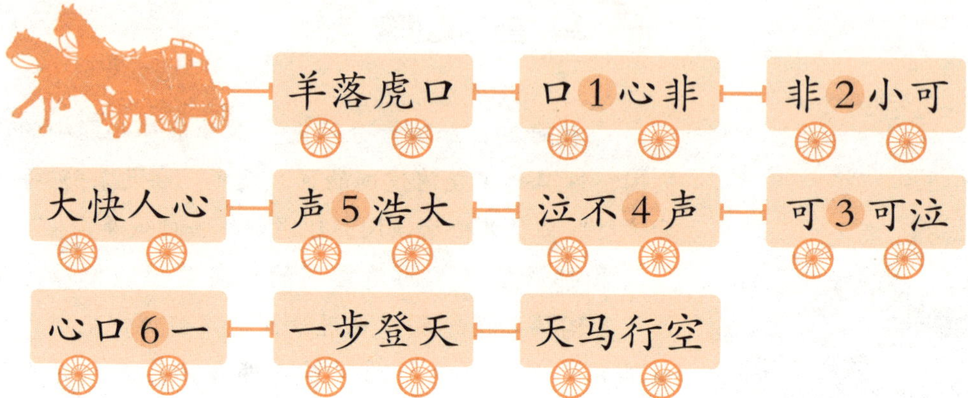

成语解释

羊落虎口	羊已被老虎吃到嘴里。比喻落入险境，很难幸免。
口是心非	嘴里说得很好，心里想的却是另一套。指心口不一致。
非同小可	指情况严重或事情重要，不能轻视。
可歌可泣	值得歌颂、赞美，使人感动流泪。形容英勇悲壮的感人事迹。
泣不成声	哭得噎住了，出不了声音来。形容非常伤心。
声势浩大	形容声威和气势非常宏大。
大快人心	指坏人受到应有惩罚或坏事得到取缔，人们心中非常痛快。
心口如一	心里想的和嘴里说的一样。形容诚实、直爽。
一步登天	比喻一下子就达到很高的境界或程度。也用来比喻人突然得志，爬上高位。
天马行空	天马奔驰神速，像是腾起在空中飞行一样。比喻诗文气势豪放、洒脱。也比喻人浮躁，不踏实。

成语故事

羊落虎口

秦朝末年，社会动荡，民不聊生，人民纷纷奋起反抗暴政。刘邦在此时也借机参加起义，不久后，他就准备攻打秦朝首都咸阳。

当刘邦率军路过陈留县时，有个叫郦食其的人来劝说道：“将军的兵马不足十万，而且训练不够，如果现在攻打咸阳，就好比将羊送到虎嘴里，一定会战败的。”

刘邦很不高兴地说：“那你说能怎么办？”

郦食其说：“将军不如先拿下这个县，招兵买马，训练部队后，再攻打咸阳。”最终，刘邦经过考虑后接纳了他的提议。

后来，人们用“羊落虎口”来比喻落入险境，很难幸免。

成语集合

羊踏菜园 — 羊裘垂钓 — 问羊知马 — 羊续悬鱼

羊狠狼贪 — 羊肠鸟道 — 羊质虎皮 — 羊真孔草

接龙答案

1 是 2 同 3 歌 4 成 5 势 6 如

完成接龙

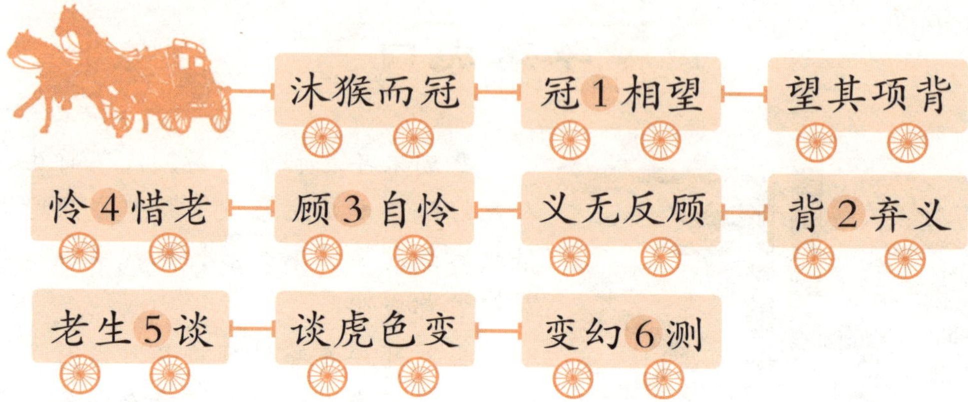

成语解释

沐猴而冠	比喻虚有其表，形同傀儡。常用来讽刺投靠恶势力窃据权位的人。
冠盖相望	冠盖：指仁宦的冠服和车盖，用作官员代称；相望：互相看得见。形容使节或官员往来不绝。
望其项背	项：颈的后部。望见别人的颈项和后背。比喻可以赶得上。
背信弃义	违背诺言，不讲道义。
义无反顾	从道义上只有勇往直前，不能犹豫回顾。
顾影自怜	看看自己的影子，怜惜起自己来。形容孤独失意的样子，也指自我欣赏。
怜贫惜老	尊敬老人，怜恤家境困苦的人。形容人有恭谨慈爱的美好品德。
老生常谈	老书生经常说的话。比喻人们听惯了的没有新鲜意思的话。
谈虎色变	原指被老虎咬过的人，一听到人谈论老虎，吓得脸色马上就变了。后比喻一提到自己害怕的事就情绪紧张起来。
变幻莫测	变幻：变化没有规律。变化很多、很快，不能预料。

成语故事

沐猴而冠

秦朝末年，刘邦、项羽等起兵反秦。刘邦首先攻破秦都咸阳，接着项羽也赶到了。项羽进城后不仅烧了秦宫还在城中搜刮了许多金银财物，掳掠了一批年轻妇女，之后他准备回故乡去。有人劝项羽在咸阳建都，因为这里有险可守，而且土地肥沃，在此建都，可以奠定霸业。项羽看秦宫都已烧毁，残破不堪，同时又怀念故乡，便说："人富贵了，就应回到故乡，富贵不回故乡，好比穿着华美的衣服在黑夜里行走，谁看得见？"

那人听了这句话，觉得项羽没有雄才大略，就在背后对人说："人家说楚国人不过是'沐猴而冠'罢了，果然不错！"项羽知道后，就把那个人抓来，投入鼎镬煮死。结果，由于项羽的刚愎自用，再加上战略上的失误，最终被刘邦打败。

后来，人们用"沐猴而冠"指人徒有仪表，而无内才，品格低下，不能成事。

成语集合

杀鸡儆猴 — 猴年马月 — 沐猴而冠 — 尖嘴猴腮

接龙答案

1 盖 2 信 3 影 4 贫 5 常 6 莫

完成接龙

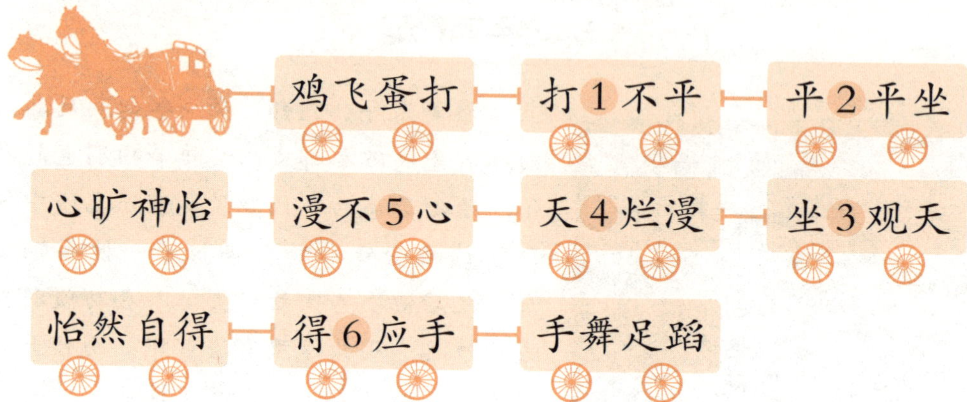

成语解释

鸡飞蛋打	鸡飞走了，蛋打破了。比喻两头落空，一无所获。
打抱不平	遇见不公平的事，挺身而出，帮助受欺负的一方。
平起平坐	现比喻彼此地位或权力平等。
坐井观天	坐在井里看天。用来比喻和讽刺眼界狭窄或学识肤浅之人。
天真烂漫	形容儿童思想单纯、活泼可爱，不做作、不虚伪。
漫不经心	指随随便便，不放在心上。
心旷神怡	形容一个人心境开阔，精神愉快。
怡然自得	形容高兴而满足的样子。
得心应手	心里怎么想，手就能做出来。比喻技艺纯熟或做事情非常顺利。
手舞足蹈	两手舞动，两只脚也跳了起来。形容高兴到了极点。也形容手乱舞、脚乱跳的狂态。

成语故事

鸡飞蛋打

山东有个叫景星的举人，救下了一个叫阿霞的落难女子，两个人产生了感情。为了和阿霞在一起，景星休了原配妻子，结果阿霞却嫁给了另外一个人。景星问阿霞为什么要背叛自己，阿霞说："你现在能抛弃原配，将来也能抛弃我。你这样的品行还有脸来质问我吗？"

后来，景星科考不利，穷困潦倒，流落到阿霞家门口。阿霞资助了景星，并对他说："你当年帮助过我，现在我也帮助你，回去以后好好做人吧。"

回家之后，景星就上吊自杀了。自杀之前，景星悔悟道："喜新厌旧，到头来不过是鸡飞蛋打。"

后来，人们用"鸡飞蛋打"来形容两头落空，一无所获。

成语集合

鸡虫得失 — 鸡鸣狗盗 — 鸡犬不惊 — 鸡犬升天

鸡鸣而起 — 鸡零狗碎 — 鸡犬不宁 — 鸡毛蒜皮

接龙答案

1 抱 2 起 3 井 4 真 5 经 6 心

完成接龙

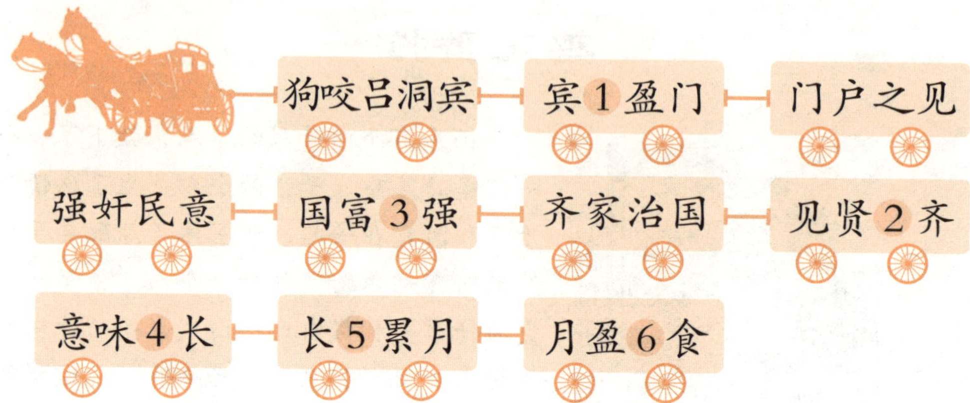

成语解释

狗咬吕洞宾	吕洞宾：传说中的八仙之一。用来骂人不识好歹，不分好坏人。
宾客盈门	盈门：满门。指家里来客人很多。
门户之见	门户：派别；见：成见。因派别不同而产生的偏见（多用于学术上或艺术上）。
见贤思齐	齐：相等。指见到有才德的人就想着与他一样。
齐家治国	整治家庭和治理国家。
国富民强	国家富足兵力强大。
强奸民意	指反动统治者把自己的意见强加在人民的头上，硬说这是人民的意愿。
意味深长	意味：意义和趣味。含意深远，耐人寻味。
长年累月	长年：一年到头、整年；累月：一月又一月。形容经历的时间很久。
月盈则食	盈：指月圆；食：指月食。月亮到了最圆的时候要缺损。比喻事物盛极必衰，物极必反。

成语故事

狗咬吕洞宾

王夫人叫贾环抄《金刚咒》，贾环便来到王夫人炕上坐着，令人点了蜡烛，拿腔作势地抄写。丫鬟彩霞叫他安分抄写，贾环则咬定彩霞对宝玉好，对他不好。彩霞则骂他："没良心的！'狗咬吕洞宾——不识好歹。'"这时宝玉、王熙凤进来，贾环只好偷偷地生闷气。

后来，人们用"狗咬吕洞宾"来形容一些被帮助的人不知好歹，恩将仇报。

成语集合

狗头军师 — 狗急跳墙 — 狗皮膏药 — 狗尾续貂 — 狗屁不通 — 狗盗鸡鸣 — 狗苟蝇营 — 狗仗人势

接龙答案

1 客　2 思　3 民　4 深　5 年　6 则

第三章　动物成语接龙

完成接龙

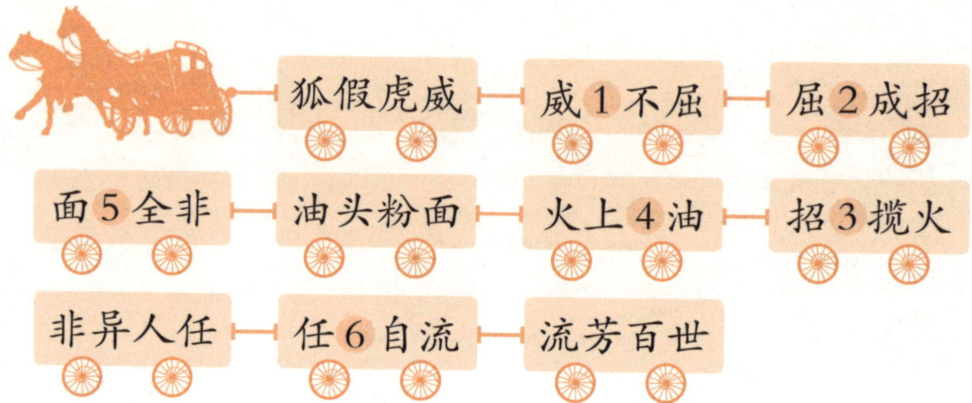

成语解释

狐假虎威	狐：狐狸；假：借助；虎威：老虎的威势。狐狸假借老虎的威势吓唬其他野兽。比喻倚仗别人的权势来欺压人。含贬义。
威武不屈	威武：权势，武力；屈：屈服。强暴的压力不能使之屈服。表示坚贞顽强。
屈打成招	屈：冤枉；招：招供。旧指反动统治阶级用严刑拷打，迫使无罪的人招认。
招风揽火	比喻招惹是非，引生事端。
火上浇油	比喻使人更加愤怒或使情况更严重。
油头粉面	头上擦油，脸上搽粉。形容人打扮得妖艳轻浮。
面目全非	非：不一样。样子完全不同了。形容变化很大。
非异人任	异人：别人；任：责任。形容不是别人的责任。表示某事应由自己负责。
任其自流	比喻对人、对事不加约束、引导，听任其自由发展。
流芳百世	流：流传；芳：香。美名永远流传后世。

成语故事

狐假虎威

一天，楚宣王问群臣："听说中原地区的诸侯很惧怕昭奚恤，果真是这样吗？"群臣无人回答。这时一个叫江一的大臣趁机讨好楚宣王说："大王，没有这种事情，中原地区的诸侯那是惧怕的您呀！"并给楚宣王讲了一个故事：

"老虎捉到了一只狐狸，准备吃掉。狐狸对老虎说：'你不该吃我，上天派我来做百兽的首领，如果你吃了我，就违背了上天的命令。你如果不相信我说的话，我在前面走，你跟在我的后面，看看群兽见了我，有哪一个敢不逃跑的？'老虎信以为真，于是就和狐狸同行，群兽见了狐狸身后的老虎，都纷纷逃跑，老虎不明白群兽是害怕自己才逃跑，却以为是害怕狐狸，就放了它。"

楚宣王听后恍然大悟。

后来，人们用"狐假虎威"来比喻倚仗别人的势力欺压人。

成语集合

狐朋狗友 — 狐疑未决 — 狐疑不决 — 狐狸尾巴

狐奔鼠窜 — 兔死狐悲 — 一狐一腋 — 满腹狐疑

接龙答案

1 武　2 打　3 风　4 浇　5 目　6 其

完成接龙

成语解释

狼子野心	比喻凶暴的人居心狠毒，习性难改。
心安理得	自以为做的事情合乎道理，心里很坦然。
得意忘言	原意指已经知道意思，不需再用言词。后形容彼此心里都明白，很有默契。
言外之意	指话里没明说出来的或是文章中没明写出来的意思。
意气轩昂	指精神焕发、气度不凡的样子。
昂首阔步	仰着头大步向前。形容精神抖擞，意气风发。
步步登高	一步一步地向高处登。比喻不断上升。
高山流水	比喻知己或知音。也可比喻乐曲精妙。
水光山色	形容山水秀美。
色厉内荏	荏：软弱。指外表强硬、内心懦弱。

成语故事

狼子野心

战国时期，有两兄弟名字叫斗子文和斗子良，他们都在楚国做官。子文有一个儿子名叫子扬；子良也有一个儿子叫子越。子越出生的时候，子文对子良说：“这孩子壮得跟山林里的老虎和熊一样，哭起来却像豺狼在哀嚎，现在他的年龄虽然还很小，将来长大恐怕不会是个温和的人。我看子越是匹狼，必须狠下心杀死，否则我们的家族会因此倒霉。”但是子良不忍心杀自己的孩子。

子文看见子良没有听劝告，就对家人说：“将来子越当了大官，你们就要立刻离开楚国，否则可能会大祸临头。”子文死后，他的儿子子扬继承父职当上了令尹，子越也当上了司马。子越当官之后，就野心十足，不仅派人杀了自己的堂兄子扬，自己当了令尹，还想起兵造反，当国君，结果被楚王杀死，家族也因此受到了牵连。这个时候，家族的人才知道子越果然是“狼子野心”，十分后悔当初没有听从子文的劝告。

后来，人们用“狼子野心”来形容凶暴的人很难改变习性。

成语集合

狼狈为奸 — 狼烟四起 — 狼心狗肺 — 狼心狗行

狼吞虎咽 — 狼奔豕突 — 狼狈不堪 — 狼子兽心

接龙答案

1 理　2 忘　3 意　4 轩　5 阔　6 流

完成接龙

成语解释

熊心豹胆	有像熊一样强大的心，有像豹子一样无畏的胆子。比喻非常胆大。
胆战心惊	形容十分害怕。
惊惶不安	惊恐害怕、心神不安。
安不忘危	指在安定的时候不能忘记危难。
危言耸听	耸：惊动。指故意说出惊人的话，让人听了害怕、吃惊。
听天由命	听由天意和命运的安排。指听任事态自然发展而丝毫不做努力。
命中注定	指一个人的命运由上天安排好了，个人无力改变。
定于一尊	把一个受尊崇的人或学说作为判定是非的标准。
尊师重道	尊敬老师，重视师长的教诲。
道貌岸然	形容神态庄重、外表严肃正经。

成语故事

熊心豹胆

武松打死老虎之后，就下了景阳冈。没走多远，他就遇到两个人。他们把虎皮缝成衣裳，紧紧绷在身上，手里各拿着一把五股叉，见了武松，吃惊地问道：“你……你……你……吃了忽律心，豹子胆，狮子腿，胆倒包着身躯，如何敢独自一个，昏黑将夜，又没器械，走过冈子来！”

后来，人们用“熊心豹胆”形容一个人的胆子非常大。

成语集合

熊罴之士 — 虎背熊腰 — 管中窥豹 — 熊经鸟申

接龙答案

1 心 2 不 3 忘 4 天 5 一 6 重

完成接龙

成语解释

成语	解释
指鹿为马	指着鹿，说是马。比喻故意颠倒黑白，混淆是非。
马到成功	形容工作刚开始就取得成功。
功成名就	功：功业；就：达到。功绩取得了，名声也就有了。
就地取材	在本地找需要的材料。比喻不依靠外力，充分发挥本单位的优势。
材大难用	指树木虽大但不规则，因而没有实际用处。后比喻有才能但没有机会施展。
用兵如神	形容指挥作战变幻莫测，非常善于用兵。
神通广大	本指法术广大无边。现形容本领极大。
大公无私	指一心为公，毫无私心。
私心杂念	指为个人或小集团利益的种种打算。
念念不忘	念念：时刻思念。指总是思念，时刻不忘。

成语故事

指鹿为马

秦朝末年，秦二世昏庸无能，丞相赵高想乘机篡夺皇位。但赵高害怕群臣不服，所以迟迟不敢动手。于是，他想了一个办法，想看一下群臣对他的态度。

一天，上朝时，他将一只鹿献给秦二世说道："我献给您一匹马，请您笑纳。"

秦二世一看，大笑起来说道："你弄错了吧，这不是马，这是一只鹿。"随后，秦二世问左右大臣，赵高献的是鹿还是马。

当时，许多大臣都惧怕赵高，明知道是鹿也不敢承认。更有些人为了讨好赵高，说赵高献上的是一匹马。只有少数忠于秦二世的人，坚持说赵高献的是一只鹿。经过这件事，赵高知道，说鹿是马的人是服从自己的人，说鹿是鹿的人是不会听从他的命令的人。于是，便暗中派人把说实话的人杀了。

后来，人们用"指鹿为马"比喻颠倒黑白，混淆是非。

成语集合

马前卒 — 逐鹿中原 — 鞍马劳顿 — 鞍前马后

驴前马后 — 伯乐相马 — 秦失其鹿 — 兵荒马乱

接龙答案

1 成　2 名　3 材　4 如　5 广　6 无

完成接龙

成语解释

盲人摸象	比喻对事物只凭片面的了解或局部的经验，就乱加猜测，想作出全面的判断。
象箸玉杯	象箸：象牙筷子；玉杯：玉制杯子。形容生活极度奢侈。
杯弓蛇影	杯子里的弓误认为蛇。比喻因疑神疑鬼而引起恐惧。
影只形单	形容很孤单。
单刀直入	指说话、做事直截了当，不绕弯子。
入不敷出	收入不够支出。指开销太大。
出人头地	指高过别人。
地广人稀	土地广阔，人烟稀少。
稀奇古怪	形容罕见而又奇特。
怪诞不经	不经：毫无根据。形容说话荒唐，毫无根据。

成语故事

盲人摸象

几个盲人都想知道大象长什么样。有一天，他们听说集市上来了一头大象，于是他们赶忙赶到集市去想摸一摸大象。

一个盲人摸到了大象的象牙，便说，我知道了，大象就像一根大萝卜；另一个盲人听说后也上前摸，他摸到了大象的耳朵，于是说大象又大又扁像一个大簸箕；第三个人摸到的是大象的头，于是说大象圆圆硬硬像块大石头；第四个人摸着大象的鼻子，说大象明明就像一根长木头；第五个人摸到了象腿，说大象像个舂米用的石臼；还有一个人摸到的是大象的脊背，就说大象像一张床。是后两个盲人分别摸到了大象的肚子和尾巴，于是一个说大象像水缸，另一个说大象像条绳子。

后来，人们用“盲人摸象”来形容对事物只通过片面了解就下结论的现象。

成语集合

象箸玉杯 — 包罗万象 — 气象万千 — 万象更新

香象渡河 — 象齿焚身 — 象牙之塔

接龙答案

1 蛇 2 刀 3 不 4 人 5 广 6 诞

完成接龙

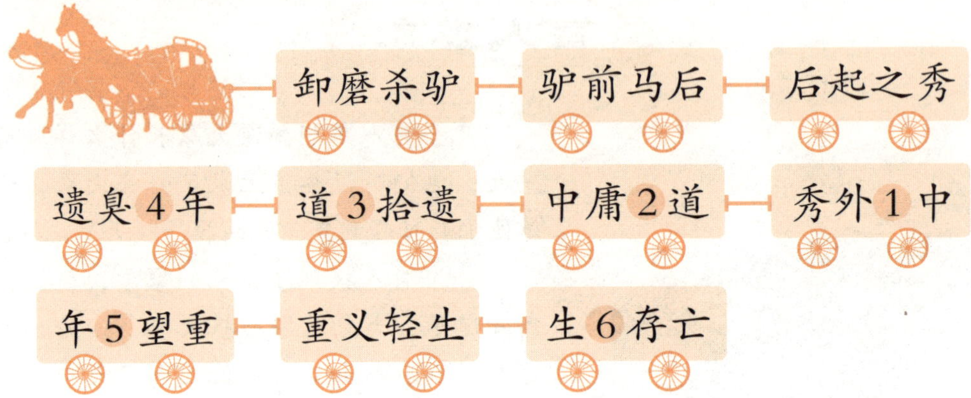

成语解释

卸磨杀驴	磨完东西后，把拉磨的驴卸下来杀掉。比喻把曾经为自己出过力的人一脚踢开。
驴前马后	指身份卑微，听人使唤的人。比喻一切受人支配。
后起之秀	后来出现的或新成长起来的优秀人物。
秀外慧中	指不但外表秀丽，内心也聪明。
中庸之道	指待人接物不偏不倚，调和折中的处世态度。
道不拾遗	东西掉路上都没人捡。指社会风气好。
遗臭万年	死后恶名一直流传下去，永世被人唾骂。
年高望重	指年纪大，声望高。
重义轻生	指重义行轻生命。
生死存亡	比喻形势比较危急，到了最后关头。

成语故事

卸磨杀驴

很久以前，有一头驴子帮主人家拉磨。它每天勤勤恳恳，而且不求回报，为主人家磨出新鲜可口的面粉。时间一天天过去，驴子越来越老，也拉不动磨了，再也不能为主人干活了。主人不愿再养着这头再也拉不动磨的驴，于是就把驴杀掉了。

后来，人们常用“卸磨杀驴”比喻把曾经为自己出过力的人一脚踢开的现象。

成语集合

驴鸣狗吠 — 非驴非马 — 黔驴之技 — 黔驴技穷

骑驴觅驴 — 驴鸣狗叫 — 驴前马后 — 博士买驴

接龙答案

1 慧 2 之 3 不 4 万 5 高 6 死

完成接龙

成语解释

童颜鹤发	像儿童一样红润的脸，像仙鹤羽毛一样白的头发。形容老年人精神焕发的样子。
发愤图强	发愤：决心努力；图：谋求。决心奋斗，努力谋求富足强盛。
强词夺理	强：勉强，硬要；夺：夺取，争夺。极力强辩，没有道理硬说有道理。
理屈词穷	屈：亏，短；穷：尽。由于理由亏缺而无话可说。
穷源竟委	穷、竟：彻底探求；源：本源；委：结束。比喻弄清楚事物发展的过程。
委靡不振	形容消沉、颓丧，精神不振作。
振振有词	振振：理直气壮的样子。认为理直气壮，所以说个不停。
词不达意	词语不能完全或确切地表达意思。
意志轩昂	精神焕发、气度不凡的样子。
昂首阔步	仰着头大步向前。形容精神抖擞，意气风发。

成语故事

童颜鹤发

元末明初，在会稽阳明洞天的山间有东岳行祠及老子宫。有人去游山玩水，遇到一个脸色红润，头发像仙鹤羽毛一样白的老道士。在老道士的房间里，放着一口空棺材，老道士说："这个棺材已经做好十几年了，到现在还没有用上。"后来，贼兵攻打绍兴，老道士认为自己死期到了，就沐浴更衣，和众人告别之后，就躺到棺材里等死。可是，老道士在棺材里躺了七天，不吃不喝都还没死，等贼兵到了，将老道士拉出来，把棺材抢走了。等明军击退贼兵后，老道士只好回到了绍兴城里，可是就这么病死了。

后来，人们用"童颜鹤发"来形容老年人精神焕发的样子。

成语集合

鹤长凫短 — 鹤鸣九皋 — 鹤发鸡皮 — 鹤发童颜

鹤立鸡群 — 风声鹤唳 — 孤云野鹤 — 孤鸾寡鹤

接龙答案

1 图 2 夺 3 词 4 源 5 不 6 意

完成接龙

成语解释

笨鸟先飞	比喻能力差的人怕落后，做事比别人先动手。
飞蛾扑火	飞蛾扑到火上。比喻自取灭亡。
火树银花	火树：火红的树，指树上挂满灯彩；银花：银白色的花，指灯光绚烂。形容张灯结彩或大放焰火的灿烂夜景。
花言巧语	原指铺张修饰、内容空泛的言语或文辞。后多指用来骗人的虚伪而动听的话。
语重心长	话语诚恳而又情意深长。
长驱直入	指以不可阻挡之势顺利前进。
入情入理	指符合情理。
理直气壮	指理由正确充分，说话气势旺盛。
穷工极巧	比喻工艺做得极其精致、巧妙。
巧言令色	形容用花言巧语去讨好别人。

成语故事

笨鸟先飞

从前有个寡妇叫陈氏，她有三个儿子。陈氏告诉儿子们一定要努力读书，将来当大官。朝廷开科选士，大儿子、二儿子先后都考取了科举。三儿子当初夸下海口，以为必得状元，谁知居然名落孙山。

陈氏就鼓励三儿子说："我给你打个比方，你大哥和二哥就像那些灵巧的鸟儿飞得比较快，你就像比较笨拙的鸟儿，你要是先飞，也能和他们一同到达终点。"

三儿子羞愧之下，发愤攻读，再次应试，终于得中状元。

后来，人们用"笨鸟先飞"比喻能力差的人如果想要赶上别人，就要比别人先走一步。

成语集合

鸟语花香——鸟尽弓藏——鸟枪换炮——花香鸟语

笼中之鸟——如鸟兽散——惊弓之鸟——羊肠鸟道

接龙答案

1 扑 2 银 3 巧 4 重 5 驱 6 入

完成接龙

成语解释

蜂拥而上	形容许多人一起拥上来。
上天入地	升上天空，钻入地下。形容神通广大。也比喻为实现某种目的而四处奔走。
地动山摇	地被震动，山也在摇动。形容声势浩大。
摇身一变	形容变化快。现也指人的态度，行为一下子变了样。
变化无穷	指变化多样，没有穷尽。
穷坑难满	本意是贪心不足。现用来比喻食量极大。
满座风生	形容来的客人神气不凡。
生不逢时	指生下来没有遇到好时机。
时和年丰	指社会安定，年成富足。
丰衣足食	指衣食充足，生活富裕。

成语故事

蜂拥而上

南宋初期，金兵入侵中原，占据了首都汴梁，宋朝陷入了混乱之中。同时在四川也爆发了大规模的农民起义，其中有一个起义军的首领名叫张迁，他有个外号叫“一窝蜂”。这个外号的来由是张迁经常带着人像一群乱哄哄的蜜蜂一样到处扰民，面对敌军也是毫无章法一拥而上。

后来，人们就用“蜂拥而上”形容许多人一起拥上来。

成语集合

蜂目豺声 — 蜂屯蚁聚 — 蜂拥而至 — 蜂虿有毒

撩蜂剔蝎 — 狂蜂浪蝶 — 一窝蜂

接龙答案

1 入 2 山 3 一 4 无 5 难 6 风

完成接龙

成语解释

雁塔题名	雁塔：大雁塔，在西安慈恩寺内，唐朝时新中的进士常在大雁塔下题名。指考中进士。
名标青史	青史：古代人在竹简上记事，简称青史。指在历史上留名。
史不绝书	书：指记载。史书上不断有记载过历史上经常发生这样的事情。
书剑飘零	书剑：书籍和宝剑，指读书做官，仗剑从军。本指做官或从军离乡背井，漂流在外。后指为求取功名而远离家乡，久游未归。
零敲碎打	形容以零零碎碎、断断续续的办法做事。
打抱不平	遇见不公平的事，挺身而出，帮助受欺负的一方。
平白无故	平白：凭空；故：缘故。无缘无故。
故弄玄虚	故：故意；弄：玩弄；玄虚：用来掩盖真相使用迷惑的欺骗手段。故意玩弄手段来迷惑人。
虚位以待	虚：空着。意思是留着位置等待。表示期待贤才。
待字闺中	闺：女子居住之地；待字：指女子尚未订婚。留在闺房之中，等待许嫁。指女子成年可以出嫁又尚未出嫁。

成语故事

雁塔题名

唐中宗神龙年间，进士张莒游慈恩寺，一时兴起，将名字题在大雁塔下。不料，此举引得文人纷纷效仿。尤其是新科进士更把雁塔题名视为莫大的荣耀。他们在曲江宴饮后，集体来到大雁塔下，推举善书者将他们的姓名、籍贯和及第的时间用墨笔题在墙壁上。这些人中若有人日后做到了卿相，还要将姓名改为朱笔书写。

后来，人们用“雁塔题名”来代称进士及第。

成语集合

雁过拔毛 — 雁杳鱼沉 — 沉鱼落雁 — 鸿雁传书 — 雁塔题名 — 指雁为羹 — 鱼沉雁杳

接龙答案

1 不 2 剑 3 抱 4 白 5 玄 6 以

第四章　百家姓成语接龙

完成接龙

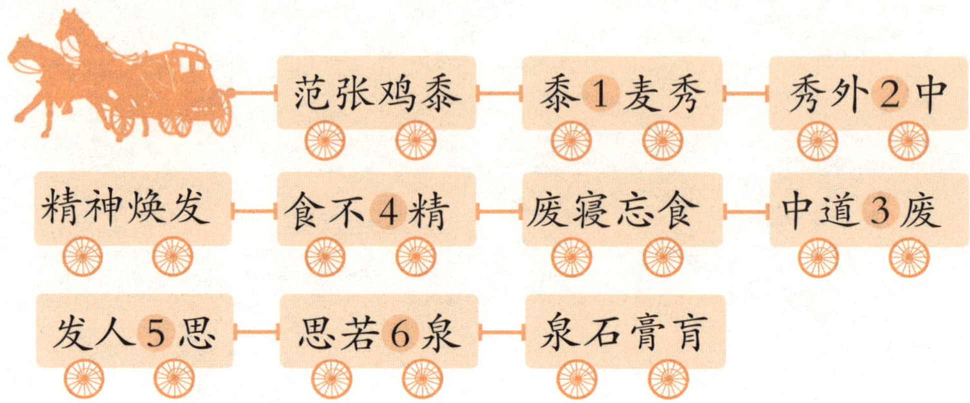

成语解释

范张鸡黍	范式、张劭一起喝酒食鸡。比喻朋友之间含义与深情。
黍离麦秀	一眼看过去田野都荒芜了，中间偶尔有些麦苗还没长饱满。多用来指哀伤亡国之辞。
秀外慧中	秀：秀丽；慧：聪明。指不仅外表秀丽，内心也很聪明。
中道而废	比喻事情没做完半道就停止了。
废寝忘食	寝：睡觉。顾不上睡觉，忘记吃饭。形容专心致志地干某一件事，连吃饭和睡觉都顾不上了。
食不厌精	厌：满足。形容对饮食十分讲究。
精神焕发	焕发：光彩四射的样子。形容精力充沛旺盛。
发人深思	启发人深入地思考。形容语言或文章含义深刻、丰富、耐人寻味。
思若涌泉	思：才思；涌：喷涌。指才思好像喷涌的泉水。形容才思敏捷。
泉石膏肓	膏肓：药物无法到达的地方。比喻喜欢山水泉石成癖，嗜好之深如病入膏肓一样。

成语故事

范张鸡黍

范式是山阳人，年轻时在太学求学，与张劭是同窗好友。两个人一起请假离开太学返乡。范式对张劭说：“两年后回到太学读书，我将到你家拜访，见见你的家人。”于是两个人约好了日期。当约好的日期快到的时候，张劭把这件事告诉了他的母亲，并请母亲准备酒菜招待范式。母亲问：“两年前和千里之外分手时约定的话，不可以当真，你就那么确定他真会来拜访吗？”张劭回答：“范式是一个讲信用的人，他一定不会违约的。”母亲说：“如果真的是这样，那我就为你酿酒。”到了约好的那日，范式果然来了。大家登上大厅一起饮酒，最后开心地分别了。

后来，人们用“范张鸡黍”来比喻朋友之间含义与深情。

成语集合

张公吃酒李公醉 — 张眉努眼 — 张灯挂彩 — 范张鸡黍 — 张敞画眉 — 张大其词 — 张皇失措

接龙答案

1 离　2 慧　3 而　4 厌　5 深　6 涌

完成接龙

成语解释

张敞画眉	张敞：汉时平阳人，宣帝时为京兆尹。张敞替妻子画眉毛。比喻夫妻感情好。
眉目传情	意思是用眉眼的活动向对方表达自己的情意。常用来形容男女之间用眼色表示爱意。
情深意重	深情厚谊，比喻深厚的感情。
重义轻财	指看重仁义而轻视钱财。
财运亨通	运：运气，命运；亨通：顺利，通畅。发财的运气好，赚钱很顺利。
通天彻地	彻：通，透。形容本领十分高强。也形容从上到下，范围极大。
地大物博	博：多，丰富。指国家疆土辽阔，资源丰富。
博学多才	博：广博，知道得多。学识广博，有多方面的才能。
才疏志大	志：志向，抱负。才学粗疏但志向远大。
大开眼界	大大开阔了视野。形容看到了一些未曾见过的事物。

成语故事

张敞画眉

张敞，字子高，西汉河东平阳（今山西临汾西南）人。他疾恶如仇，赏罚分明，在任京兆尹的9年中，政绩斐然。但他为人谦和，没有一个官员应有的威仪。在家中张敞总是亲自动手，为夫人轻描细勾，画出两道“曲曲纤纤、不浓不淡”的秀眉。

张夫人出外应酬时，其他女子见了她的两道秀眉都十分惊叹。于是，名媛淑女纷纷仿效。他们都知道张夫人的秀眉是她丈夫画的，于是把这种眉毛称为张京兆眉。

有几个平时和张敞不是很友好的官员以为抓住了什么把柄，上书汉宣帝，指责张敞行为风流，举止轻浮，有失朝官的威严，在百姓中造成不好的影响。汉宣帝听了，召见张敞，问：“有人告你替妻子画眉毛，有没有这件事？”

张敞从容地回答说：“有。不过我听说，闺房之中，夫妻之间，比画眉毛更风流的事多着呢，画画眉毛又算得了什么呢？”

汉宣帝听了，觉得张敞讲得很有道理，便没有再责备她。

后来，人们用“张敞画眉”来形容夫妻间的恩爱之情，或用来形容女子的秀眉。

成语集合

张灯结彩 — 张皇失措 — 张牙舞爪 — 张口结舌

张三李四 — 张冠李戴 — 张大其事 — 张王李赵

接龙答案

1 目　2 义　3 亨　4 天　5 多　6 眼

完成接龙

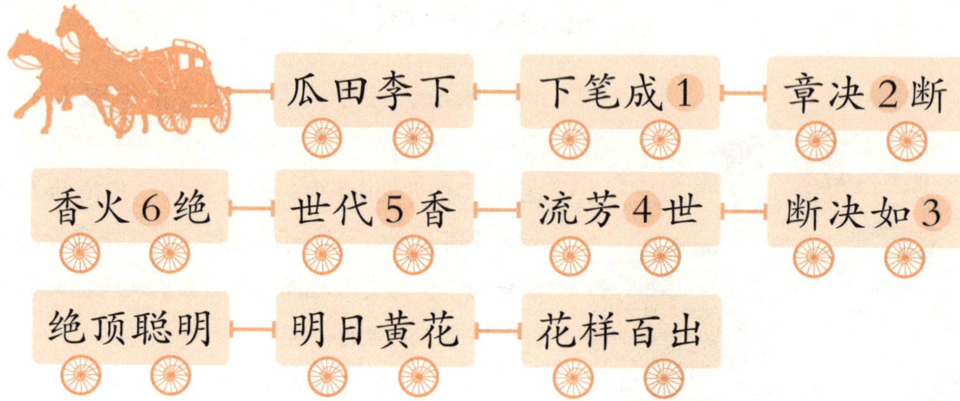

成语解释

瓜田李下	比喻容易引起嫌疑的地方，或指比较容易引起嫌疑、让人误会，而又有理难辩的场合。
下笔成章	一挥动笔，就写成文章。形容文思敏捷，文章写得很快。
章决句断	文章正确、句子明了，不含糊其辞。
断决如流	指决断事务多而快。
流芳百世	指好的名声永远流传后世。
世代书香	比喻世世代代都是读书的人家。
香火不绝	指供奉的香烛永不断绝。
绝顶聪明	形容极其聪明。
明日黄花	比喻过时的事物。
花样百出	形容样式、手段等多种多样。

成语故事

瓜田李下

袁聿修是南北朝时期的北齐人。有一次，袁聿修途经兖州。兖州刺史是他的老朋友邢邵。两个人叙述别情以后，邢邵拿出一匹白绸想送给袁聿修作为纪念。袁聿修谢绝了，他说：“我这次路过这里，与往常不同呀！瓜田李下，古人是很谨慎的。我们不能忘记古人说过的，走在瓜地里不要弯腰提鞋子，走在李树下不要伸手整帽子，以免别人生疑心。”邢邵很理解袁聿修的心思，就没有再勉强他。

后来，人们用“瓜田李下”来比喻容易引起嫌疑的场合。

成语集合

张冠李戴 — 投桃报李 — 沉李浮瓜 — 张三李四

艳如桃李 — 李代桃僵 — 桃李争妍 — 桃李门墙

接龙答案

1 章　2 句　3 流　4 百　5 书　6 不

完成接龙

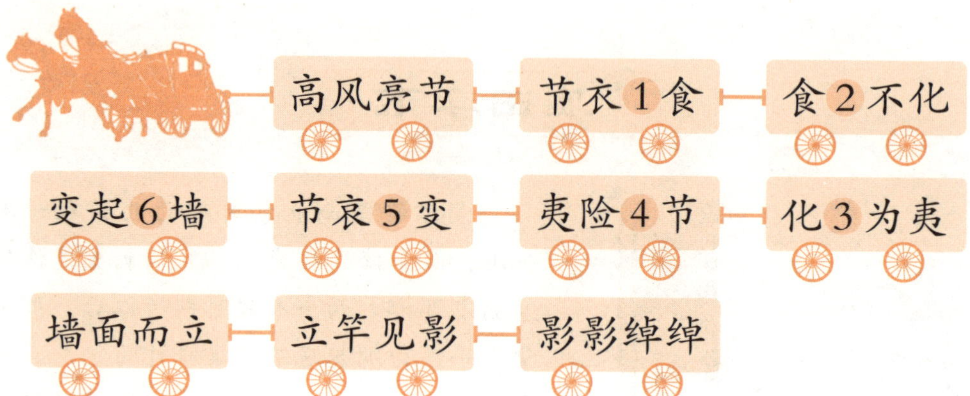

成语解释

高风亮节	高风：高尚的品格；亮节：坚贞的节操。形容道德和行为都很高尚。
节衣缩食	缩：节省。省吃省穿，形容很节俭。
食古不化	读书、作画一味学习古人，拘泥陈法，不善于灵活运用。指对所学的古代知识理解得不深不透，不善于按现在的情况来运用，跟吃东西不消化一样。
化险为夷	险：危险，艰难险阻；夷：平坦、平安。化危险为平安，比喻转危为安。
夷险一节	无论是顺境还是逆境，节操依旧。
节哀顺变	指对遭遇不幸或丧事的人表示慰问的话。
变起萧墙	祸事从内部引发。比喻事故在内部发生。
墙面而立	面对墙壁站着，眼里什么也看不到。后形容人不学无术。
立竿见影	在阳光下竖上竹竿，马上就可以看到影子。比喻收效迅速。
影影绰绰	指模糊不清，不真切。

成语故事

高风亮节

海瑞从小聪敏好学，很有才能。他中举之后，初任福建南平教渝，后来升任浙江淳安和江西兴国知县。他当官屡次平反冤假错案，打击贪官污吏，深得民心。后来又升任户部云南司主事，并上书批评世宗迷信巫术、生活奢华、不理朝政等弊端。后来，他遭迫害入狱，世宗死后才获释。出狱后，调升右佥都御史的他一如既往，惩治贪官，打击豪强，疏浚河道，修筑水利工程，并推行“一条鞭法”，强令贪官污吏退田还民，遂有“海青天”之誉。后被他被人排挤，革职闲居16年。一直到万历十三年，才重新被重用，先后任南京吏部右侍郎、南京右佥都御史，力主严惩贪官污吏，禁止徇私受贿，两年后病死于南京。

后来，人们用“高风亮节”来形容人的道德和行为都很高尚。

成语集合

高屋建瓴——高谈阔论——高朋满座——高文典册

高高在上——高不可攀——高傲自大——高唱入云

接龙答案

1 缩 2 古 3 险 4 一 5 顺 6 萧

完成接龙

成语解释

史无前例	历史上从来没有过的事。指前所未有。
例行公事	按照惯例办理公事。现在多指刻板的，形式主义的工作。
事出有因	出：发生；因：原因。事情的发生是有原因的。
因材施教	指针对学习的人的志趣、能力等具体情况采取不同的教育方法。
教学相长	教和学的人互相影响和促进，都得到提高。
长治久安	形容国家、社会长期安定、太平。
安如泰山	安稳得像泰山一样。形容十分稳固，不可动摇。
山穷水尽	山和水都到了尽头。比喻无路可走，陷入绝境。
尽心竭力	用尽心思，使出全力。形容做事十分努力，使出全部力量。
力挽狂澜	挽：挽回；狂澜：猛烈的大浪。比喻尽力挽回危险的局面。

成语故事

史无前例

从前，福建长乐有个叫高凤岐的举人，屡考进士不中，就在家乡办学。高凤岐受到著名教育家、杭州知府林启的聘用，担任幕僚。林启在高凤岐的建议下，兴办了求是中西书院、蚕学馆、养正书塾，此举开创了浙江省省立大学、职业学校和普通中学的先河。林启去世后，高凤岐又担任了两广总督岑春煊的幕僚。后来，在岑春煊的提拔之下，他担任了浙江某地知县。在任期间，高凤岐政绩斐然，并参加了御史的考核，虽然成绩第一却没有被任用。后来，因功升任梧州知府。不久，高凤岐积劳成疾，辞官到上海养病。养病期间，高凤岐对自己当初成绩第一却没被任用的事依旧耿耿于怀。高凤岐的好友、诗人丘逢甲为他写了一首诗：“牢落文章第一人，天门垂翅竟何因？百年记注无前例，万事枢机有要津。异日朱云空愤激，当时绛灌少交亲。红莲幕客苍梧守，未许青蒲作直臣。”

后来，人们用“史无前例”来形容历史上从来没有过的事。

成语集合

稗官野史 — 经史百家 — 史不绝书 — 研经铸史

左图右史 — 名标青史 — 铁面御史 — 朝经暮史

接龙答案

1 行　2 出　3 相　4 久　5 泰　6 穷

完成接龙

成语解释

柳暗花明	垂柳浓密，鲜花夺目。形容柳树成荫，繁花似锦的景象。也比喻在困难中遇到转机，由逆境转变为充满希望的顺境。
明抢暗夺	公开或暗地里抢掠他人财产。
夺人所好	强夺别人喜爱的东西。
好高骛远	指脱离实际，去追求很难实现的目标。
远走高飞	比喻到很远的地方去。多指摆脱困境，寻找出路。
飞黄腾达	飞黄：传说中的神马名；腾达：形容马的飞驰，引申为发迹。像神马一样奔腾飞驰。比喻骤然得志，官职上升得很快。
达官贵人	指地位高的官吏和身份显赫的人。
人怨神怒	百姓怨恨，上天震怒。形容民愤极大。
怒目而视	睁圆了眼睛瞪着看。
视若无睹	看见了就像没看见一样。表示对某种现象不关心。

成语故事

柳暗花明

南宋著名的爱国诗人陆游由于力主抗金，受到朝廷主和派的排挤，惨遭免职，被遣送回家乡山阴。在回家的路上，陆游去看望临川的老朋友李浩。此时，李浩刚刚担任靖江知府。陆游向他表示祝贺的同时又为自己不能继续报效国家而感到难过。

居家期间，陆游写出了著名的七言律诗《游山西村》，其中的“山重水复疑无路，柳暗花明又一村”成为千古传诵的佳句。

后来，人们用“柳暗花明”来形容绿柳成荫、繁花似锦的景象。比喻在困难中遇到转机，由逆境转变为充满希望的顺境。

成语集合

柳眉倒竖 — 柳陌花衢 — 花红柳绿 — 花街柳巷

章台杨柳 — 颜筋柳骨 — 蒲柳之姿 — 眠花卧柳

接龙答案

1 所　2 骛　3 高　4 腾　5 贵　6 神

完成接龙

成语解释

塞翁失马	比喻虽然暂时遭受损失，但是却也因此得到好处。也指坏事可能变成好事。
马到成功	指战马一到，立即成功。比喻成功容易而且迅速，一开始就取得胜利。
功名富贵	旧指科举考中做官，生活富有，地位高显。后泛指有名望有钱有地位。
贵人多忘	本指地位高的人对人或事傲慢，不念旧情。现多讽刺人健忘。
忘恩负义	恩：恩惠；负：违背；义：情义。忘却恩情，背弃情义。指忘记别人对自己的恩惠，做出对不起别人的事。
义不容辞	道义上不允许推辞。指理应接受。
辞旧迎新	辞：辞别。辞别旧岁，迎接新年。
新亭对泣	新亭：古地名，今南京南。指感怀故国的意思。
泣不成声	泣：低声地哭。低声地哭泣，哭得都噎住出不来声了。形容极为悲伤。
声嘶力竭	嘶：哑；竭：尽。声音嘶哑，力气用尽。形容竭力地呼叫或叫喊。

成语故事

塞翁失马

战国时期有一位老人，名叫塞翁。他养了许多马，一天马群中忽然有一匹走失了。邻居们听到后，都来安慰他。塞翁却说："丢了一匹马损失不大，没准还会带来福气。"果然过了没几天，丢了的马不仅自动回家，还带回一匹良马。邻居们听说马自己回来了，非常佩服塞翁的预见，向塞翁道贺说："还是您老有远见，马不仅没有丢，还带回一匹好马，真是福气呀。"塞翁听了邻人的祝贺，却忧虑地说："白白得了一匹好马，不一定是什么福气，也许会惹出什么麻烦来。"一天，老人的儿子骑着那匹良马出去玩，结果从马背上跌下来，摔断了腿。邻居们听说后，纷纷来慰问。塞翁说："没什么，腿摔断了却保住性命，或许是福气呢。"不久，匈奴兵大举入侵，青年人都被应征入伍，塞翁的儿子却因为摔断了腿，不能去当兵。入伍的青年都战死了，唯有塞翁的儿子因为腿瘸的缘故而保全了性命。

后来，人们用"塞翁失马"来比喻虽然暂时遭受损失，但是却也因此得到好处。

成语集合

青梅竹马 — 马不停蹄 — 车水马龙 — 车马盈门

马马虎虎 — 车辙马迹 — 鞍马劳顿 — 马放南山

接龙答案

1 人 2 负 3 不 4 迎 5 对 6 嘶

完成接龙

成语解释

钱可通神	有了钱连鬼神也可以买通。比喻金钱的魔力极大。
神头鬼面	比喻标新立异，故作奇特。
面目全非	非：不一样。样子和原来完全不同了。形容改变很大。
非同小可	不寻常的小事。形容情况或事情严重，不可轻视。
可乘之机	乘：趁；机：机会。表示可以利用的时机和机会。
机关用尽	机关：周密、巧妙的计谋。比喻用尽心机，什么计谋都用上了。
尽善尽美	尽：达到极限。极其完善，极其美好。指完美到没有一点缺点。
美言不信	信：确信，真实。美丽的话语常常不可信。
信口开河	信口：随口；开河：说话时嘴唇张合。比喻随口乱说一气。
河决鱼烂	比喻事物坏到极点，不可收拾。

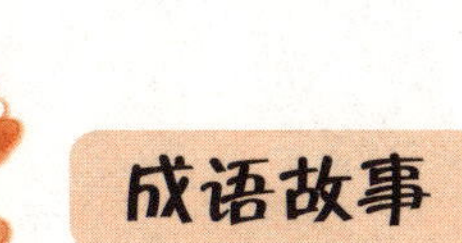

成语故事

钱可通神

唐朝相国张延赏将要兼任度支（官职，掌管赋税收支）时，得知有一桩大案冤情极深，张延赏颇为之愤慨，于是刚一到任便将狱吏召到跟前，严正地告诫狱吏要秉公行事，并敦促说：“这个案子已经拖了很久，不能再拖了，十日内必须结案。”

第二天，张延赏早早来到衙门办案，刚一落座便发现公案上有张纸条，上面写有两行小字：“孝敬张大人三万贯钱，请您不要过问这个案子了。”张延赏身为相国，从未见过有人如此嚣张地行贿，他被激得大怒不已，召来狱吏，将十日期限改为五日。谁知，第二天早上，嚣张的小字条又出现在张延赏的公案上，这次仅写了四个字“钱五万贯”。张延赏更加愤怒了，他告诉狱吏：“两日内必须结案。”张延赏以为自己的浩然正气一定可以镇住行贿者，可他没料到，第三天在公案上又见到了小字条，这次上面写着“钱十万贯”。

这一次，张延赏没有恼怒，他退缩了，他感叹道：“十万贯钱，可通神矣！这么多钱，没有办不成的事。这个案子老夫实在无能为力了。”

后来，人们用“钱可通神”来比喻有了钱连鬼神也可以买通。

成语集合

爱钱如命 — 不名一钱 — 不值一钱 — 见钱眼开 — 饮马投钱 — 有钱能使鬼推磨 — 一钱不值

接龙答案

1 头 2 全 3 小 4 言 5 口 6 鱼

完成接龙

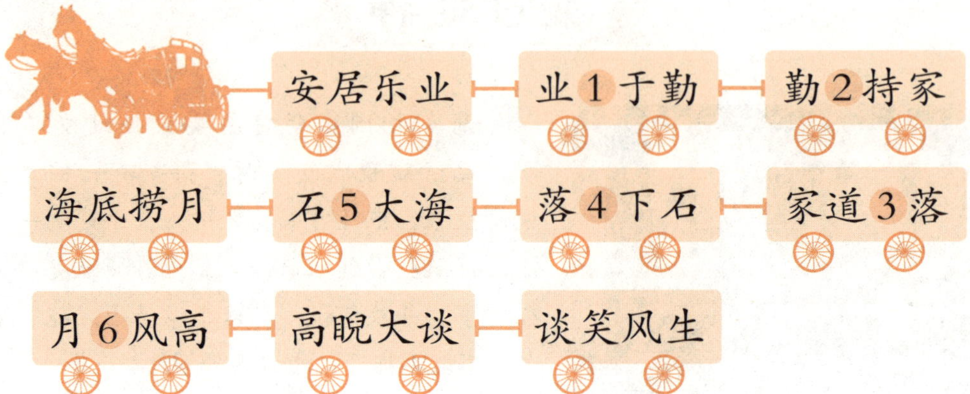

成语解释

安居乐业	安：安于；居：住的地方，住处；乐：快乐，喜爱，愉快；业：所从事的事业。人民生活安定美满的样子，比喻安定地生活，愉快地工作。形容管理者把社会治理得很好。
业精于勤	学业的精进在于勤奋。
勤俭持家	持：治理。管理家庭勤劳节俭。
家道中落	家道：家业，家境；落：衰败。家业从中途慢慢衰败。
落井下石	看见别人掉进井里，非但不救，还往井里投石。比喻乘人之危，加以打击、陷害。
石沉大海	石头掉进大海里。比喻不见踪影或毫无消息。
海底捞月	从海底捞月亮。比喻白浪费力气，根本达不到目标。
月黑风高	高：大。比喻没有月亮，风又特别大的夜晚。
高睨大谈	高谈阔论、神态傲兀。
谈笑风生	风：风趣。形容谈话谈得高兴，气氛活跃，又有风趣。

成语故事

安居乐业

战国时期的思想家老子对那时的社会十分不满，并反对出现的革新浪潮，认为应该回归原始。他认为物质进步和文化发展摧毁了人民的淳朴，并给人们带来了痛苦，所以渴望理想社会的出现。

老子认为的理想社会是国家很小，人民稀少；即使有许许多多的器具，也不去使用它们；不要让人民用生命去冒险；也不用向远处迁移，即使有车辆和船只，也无人去乘坐它们；即使有兵器装备，也无处去使用它们；要使人民重新使用古代结绳记事的方法；百姓们吃得很香甜，穿得很舒服，住得很安适，满足于原有的风俗习惯；邻近各国互相望得见，鸡鸣狗叫互相听得见。这样的社会，老子就认为人民“安居乐业”了。

后来，人们用“安居乐业”来形容人们居住的地方很安全，并能愉快地从事自己喜欢的工作。

成语集合

安贫乐贱 — 安贫守道 — 安如磐石 — 安然无恙

安身立命 — 安适如常 — 安枕而卧 — 安于现状

接龙答案

1 精 2 俭 3 中 4 井 5 沉 6 黑

完成接龙

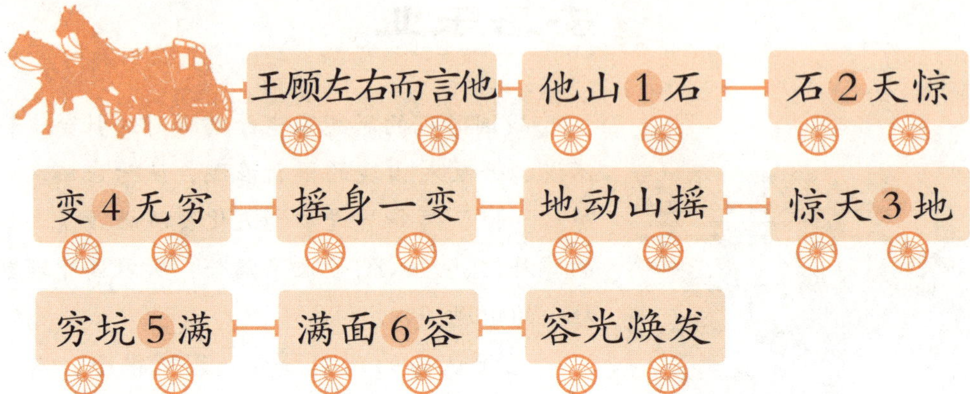

成语解释

王顾左右而言他	指离开话题，回避难以答复的问题。
他山之石	他山：另外的山。借助别的山上的石头，可以用来琢磨玉器。比喻通过别人的指正或帮助，改正缺点或短处。
石破天惊	形容乐声高亢激昂，有惊天动地之势。后多用来比喻某一事物或文章议论新奇、惊人。
惊天动地	惊：惊动员；动：震动。形容声势浩大或意义及影响极大。
地动山摇	地被震动，山也摇动。比喻声势浩大。
摇身一变	形容变化得快。现用来形容人的态度、举止、说话一下子变了样。
变化无穷	变化多种多样，没有穷尽。
穷坑难满	穷坑：贫困到极点而想得巨财。本指贪心不足。现也比喻食量极大。
满面怒容	满脸发怒的样子。
容光焕发	容光：脸上的光彩；焕发：光彩四射的样子。形容身体健康，精神饱满振奋。

成语故事

王顾左右而言他

有一次，孟子对齐宣王说："如果大王的一个臣子要到遥远的楚国去，将他的妻子儿女托付给他的朋友照料。可是等他回来时，却发现自己的妻子儿女正在挨饿受冻，他应该怎么办？"齐宣王回答说："跟这个朋友断交。"

孟子接着说："如果长官管理不好属下，怎么办？"齐宣王说："撤换他。"

孟子又说："全国都没有得到治理，怎么办？"齐王扭头看看左右侍从，说起别的事来。

后来，人们用"王顾左右而言他"来形容离开话题，回避难以答复的问题。

成语集合

王侯将相——王公大人——王祥卧冰——帝王将相——擒贼擒王——混世魔王——王子犯法，庶民同罪

接龙答案

1 之 2 破 3 动 4 化 5 难 6 怒

第五章　自然成语接龙

完成接龙

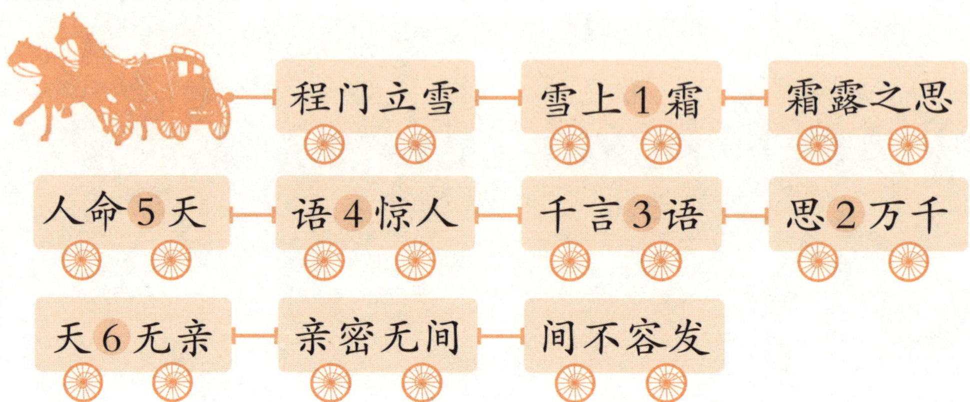

成语解释

程门立雪	旧指学生恭敬受教。现比喻尊敬师长。比喻求学心切和对有学问长者的尊敬。
雪上加霜	在雪上还加上了一层霜。比喻接连遭受灾难，损害愈加严重。
霜露之思	指对父母先祖的哀思。
思绪万千	思绪：思想的头绪。形容想法很多。
千言万语	形容话很多。
语不惊人	指语言平淡，没有惊人的地方。
人命关天	关于：关系重大。指有关人命的事情关系及重大。
无道无亲	指老天是公平的，不偏袒他人。
亲密无间	形容关系十分亲密，毫无隔阂。
间不容发	空隙中容不下一根细发。比喻情况或形势很危急。

程门立雪

在北宋时期，福建将东县有个叫杨时的进士，他特别好钻研学问，到处寻师访友，曾就学于洛阳著名学者程颢门下。程颢死后，杨时又投到其弟程颐门下，在洛阳伊川所建的伊川书院中求学。

杨时那时已四十多岁，学问也相当高，但他仍谦虚谨慎，不骄不躁，尊师敬友，深得程颐的喜爱，被程颐视为得意门生，得其真传。

一天，杨时同一起学习的游酢向程颐请求学问，却不巧赶上老师正在屋中打盹儿。杨时便劝告游酢不要惊醒老师，于是两人静立门口，等老师醒来。一会儿，天空中飘起了鹅毛大雪，越下越急，杨时和游酢却还立在雪中，游酢实在冻得受不了，几次想叫醒程颐，都被杨时阻拦住了。

直到程颐一觉醒来，才赫然发现门外的两个雪人！从此，程颐深受感动，更加尽心尽力教杨时，杨时也不负众望，终于学到了老师的全部学问。之后，杨时回到南方传播程氏理学，且形成独家学派，世称“龟山先生”。

后来，人们用“程门立雪”来比喻学生对师长的尊敬。

成语集合

雪窗萤儿 — 雪窖冰天 — 雪中送炭 — 雪虐风饕

阳春白雪 — 报仇雪耻 — 冰天雪地 — 囊萤映雪

接龙答案

1 加　2 绪　3 万　4 不　5 关　6 道

完成接龙

成语解释

月黑风高	没有月光风也很大的夜晚。比喻险恶的环境。
高朋满座	高：高贵。高贵的朋友坐满了席位。形容宾客很多。
座无虚席	虚：空；席：座位。没有空着的座位。一般形容观众、听众或出席、参加的人很多。
席卷天下	形容力量强大，要控制整个天下。
下不为例	下次不可以再这样做。表示只通融这一次。
例行公事	照惯例办理公事。现在多指刻板的形式主义的工作。
事在人为	指事情要靠人去做的。在一定的条件下，事情能否做成要看人的主观努力如何。
为人师表	师表：榜样，表率。在人品学问方面成为别人学习的榜样。
表里如一	表：外表，也形容一些表面功夫；里：内心。表面和内心一样。形容言行和思想完全一致。
一马当先	原指作战时策马冲锋在前。现在形容领先、带头。也比喻工作走在群众前面，积极带头。

成语故事

月黑风高

在一次宴会上，欧阳修和别人行酒令，约定说出要判处徒刑以上刑罚的行为。

一个人说："持刀抢劫寡妇，海盗劫掠船只。"

另一个人说："在没有月光、风很大的黑夜里杀人放火。"

后来，人们用"月黑风高"来形容险恶的环境。

成语集合

月白风清 — 月明千里 — 月地云阶 — 月缺花残

月盈则食 — 月落星沉 — 月明千里 — 月夕花朝

接龙答案

1 无 2 天 3 不 4 行 5 人 6 里

完成接龙

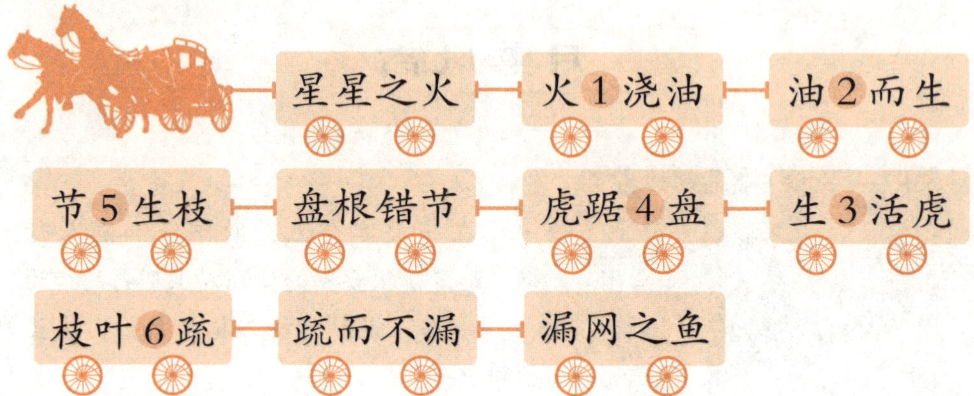

成语解释

星星之火	一点点小火星。比喻微小的事物。
火上浇油	比喻使人更加愤怒或使情况更加严重。
油然而生	自然地、发自内心地产生某种思想感情。
生龙活虎	像很有生气的蛟蛇和富有活力的猛虎。形容活泼矫健，富有生气。
虎踞龙盘	形容地势险要。
盘根错节	盘：弯曲；错：交错；节：枝节。树根盘绕，枝节交错。比喻事情复杂，纠缠不清。
节外生枝	本不应该生枝的地方生枝。比喻在原有问题之外又岔出了新问题。多指故意设置障碍，使问题不能顺利解决。
枝叶扶疏	形容枝叶繁茂四布，高低疏密有致。比喻分析事情详尽缜密。
疏而不漏	疏：宽疏；漏：遗漏。指法网虽然宽疏，但最终不会遗漏一个坏人。
漏网之鱼	从渔网逃脱的鱼。比喻侥幸逃脱。

成语故事

星星之火

明朝时期，宰相张居正任用戚继光为大将对付沿边的倭寇，并起用潘季驯治理黄河水患。少数民族地区发生叛乱，他认为是贪官与无赖所为，这些邪恶势力虽然微小，但是足以对人民的生命财产造成威胁，他说：“究观近年之事，皆起于不才武职、贪黩有司及四方无籍奸徒窜入其中者，激而构煽之，星星之火，可以燎原。”体现了张居正见微知著的才能和不姑息养奸的主张。

后来，人们用“星星之火”比喻事物虽然很微小，但有远大的发展。

成语集合

星奔川骛——星陈夙驾——星驰电发——星火燎原

星罗棋布——星落云散——星前月下——星移斗转

接龙答案

1 上 2 然 3 龙 4 龙 5 外 6 扶

完成接龙

成语解释

天壤之别	壤：地；天壤：天上和地下。天和地，一在极上，一在极下，比喻相隔很远，差别很大。
别开生面	别：另外；开：开辟，开创；生面：新的面目。原指画像经重新绘制后面目一新。后比喻另外开辟一种新局面或创造出一种新的风格式样。
面无人色	脸上没有血色，形容极度恐惧。
色胆如天	形容因贪恋女色而无法无天。
天经地义	经：常道、原则；义：事理。指绝对正确、不容改变的真理。
义不容辞	道义上不允许推辞。
辞旧迎新	辞：辞别。辞别旧年，迎接新年。
新陈代谢	陈：陈旧的；代：替换。指生物体不断用新物质代替旧物质的过程。也指新事物不断发生发展，更替旧的事物。
谢天谢地	感谢天地神明。现用作办事顺利的口头语。
地崩山摧	土地崩裂，山岭倒塌。形容巨大的变故。

成语故事

天壤之别

战国时期，洛阳有个叫苏秦的读书人。他到秦国游说秦惠文王，竭力宣传“连横”的主张，鼓励秦国一步一步去侵吞其余六国，但秦惠文王并没有采纳他的意见。苏秦只好回到洛阳，此时他已经是身无分文，疲惫不堪了。回到家里，妻子不理他，嫂子不做饭给他吃，连自己的父母都不与他说话。苏秦很难过，于是他立志苦读，钻研学问。一年后，他学识猛进，又到赵国游说，受到赵王重用。赵王十分赏识苏秦的“合纵”政策，就封他为武安君。后苏秦兼任六国的国相，佩六国相印，并担任“纵约长”。

有一次，苏秦路过洛阳，老百姓都赶来迎送。苏秦的父母拄着拐杖，在三十里外的大路口等候他。回到家里，他的妻子躲在旁边“侧目而视”，都不敢正眼看他。苏秦的嫂子慌忙趴在地上，连连磕头。苏秦笑道：“嫂子，何前倨而后恭也？”苏秦的嫂子一边哆嗦，一边答道：“因叔叔高官厚禄。”苏秦感慨：“真是天壤之别。”

后来人们用“天壤之别”比喻相隔很远，差别很大。

成语集合

天崩地裂 — 天高日远 — 天长日久 — 天翻地覆

天理难容 — 天花乱坠 — 天伦之乐 — 天下归心

接龙答案

1 开　2 无　3 胆　4 不　5 旧　6 谢

完成接龙

成语解释

地久天长	形容朋友或是老朋友、同学、同事之间的友谊和情谊。
长生不老	长生：永生。原为道教的话，后也用作对年长者的祝愿语。
老当益壮	当：应该；益：更加；壮：雄壮。年纪虽老而志气更旺盛，干劲更足。
壮志凌云	壮志：宏大的志愿；凌云：直上云霄。形容志向宏伟远大。
云开见日	拨开云雾，见到太阳。比喻黑暗已经过去，光明已经到来。也比喻误会消除。
日新月异	新：更新；异：不同。每天都在更新，每月都有变化。指发展或进步迅速，不断出现新事物、新气象。
异想天开	异：奇异；天开：比喻凭空的、根本没有的事情。指想法非常奇怪，很不切实际。
开门见山	打开门就能看见山。比喻说话或写文章直截了当谈主题，不拐弯抹角。
山穷水尽	山和水都到了尽头。比喻无路可走，陷入绝境。
尽心竭力	尽心：用尽心力。形容做事十分负责，使出全部力量。

地久天长

在乾隆年间，安徽天长县有个张秀才应考科举时，考了个第九名。张秀才的舅舅和主考官张大人乃是同窗老友，便去苦苦哀求张大人录取张秀才。张大人在这种人情难却的情况下，只好应允。

张大人回朝后，向皇上呈上卷宗，皇上阅卷后大怒道："原定天长县取八名，你怎么录取了第九名？"

这位张大人连忙启奏道："这张某第九名一定要取。此乃大吉大利之兆，祝福我主江山'地久天长'啊!"

乾隆皇帝听罢，龙颜大悦，就欣然答应了。

后来，人们用"地久天长"形容朋友或同学之间的友谊和情谊。

成语集合

地瘠民贫 — 地角天涯 — 地动山摇 — 地大物博 — 地久天长 — 地利人和 — 地主之谊 — 地广人稀

接龙答案

1 生　2 当　3 志　4 开　5 想　6 见

完成接龙

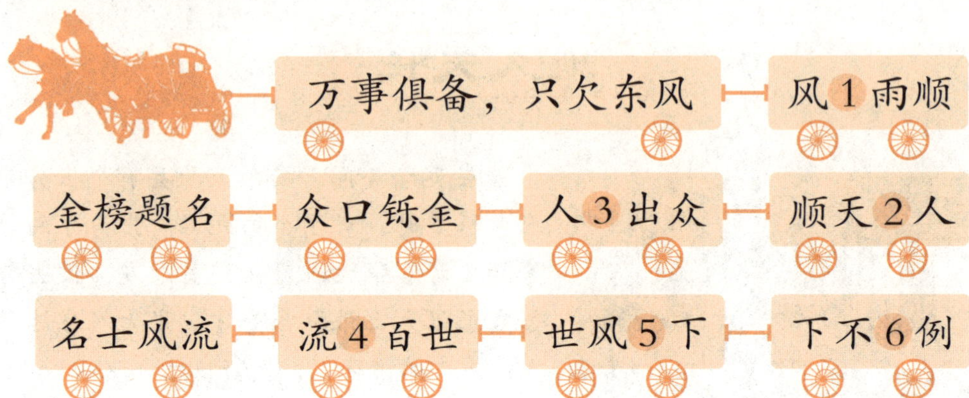

成语解释

万事俱备，只欠东风	比喻一切准备工作都做好了，只差最后一个重要条件。
风调雨顺	调：调和；顺：适合需要。指风雨适合农时，年景好。
顺天应人	顺：顺从；应：适应。顺应天意，合乎民心。
人才出众	出众：高出于众人。形容人的才德仪表超出众人之上。
众口铄金	铄：熔化。众口异口同声的言论，足以熔化金属。原比喻舆论力量强大。现多比喻错误的议论或谣言一多，可以混淆是非。
金榜题名	指古代科举中被殿试录取。
名士风流	名士：知名之士；风流：风度与习气。现指有才学而不拘礼法的名士的风度和习气。
流芳百世	流：流传；芳：香，比喻好名声。指好的名声永远流传后世。
世风日下	世风：社会上的风气。社会上的风气越来越不好。
下不为例	下：下次；为：作为；例：先例。指只允许通融这一次。

万事俱备，只欠东风

公元208年，曹操率领83万大军驻扎在长江中游的赤壁，企图打败刘备以后，再攻打孙权。刘备采用联吴抗曹之策，与吴军共同抵抗曹操。当时，孙权和刘备兵力都很少，而曹操兵多将广。诸葛亮和周瑜认为只有采用火攻，才能打败曹操。可等一切都准备好后，周瑜却发现曹操的船都停在大江的西北，而自己的船停靠在南岸。这时正是冬季，只有西北风，如果用火攻，不但烧不着曹操的船，反而会烧到自己的船。周瑜眼看火攻不行，急得病倒了。诸葛亮去探望周瑜，笑着对他说："天有不测风云，人怎能预料到呢？"周瑜听到诸葛亮话中有话，便问有没有治病的良药。诸葛亮说："我有个药方，保证治好您的病。"说完，写了16个字，递给周瑜。这16个字是："欲破曹公，宜用火攻；万事俱备，只欠东风。"

最后，周瑜靠诸葛亮"借"来的东风把曹营的战船烧得一干二净，岸上的营寨也被烧着，兵马损失不计其数。

后来，人们用"万事俱备，只欠东风"比喻一切准备工作都做好了，只差最后一个重要条件。

成语集合

风口浪尖 — 风卷残云 — 风和日丽 — 风风雨雨

风吹草动 — 风驰电掣 — 风尘仆仆 — 风餐露宿

接龙答案

1 调　2 应　3 才　4 芳　5 日　6 为

完成接龙

成语解释

江郎才尽	江郎：指南朝的江淹；尽：完，没了。比喻人的才思减退。
尽忠报国	尽忠：赤诚无私，竭诚尽力。为国家竭尽忠诚，牺牲一切。
国尔忘家	为了国家的事情而不顾家庭。形容一心为公的无私精神。
家破人亡	形容家庭破裂，家人死亡。形容家庭惨遭不幸。
亡羊补牢	亡：逃亡，丢失；牢：关牲口的圈。因为羊圈的破损导致羊被狼叼走了，就去修羊圈。比喻出了问题以后想办法补救，可以防止继续受损失。
牢不可破	牢：牢固。非常坚固，不可摧毁。多用来形容人的意志，态度或相互的关系。
破涕为笑	一下子停止了哭泣，露出笑容。形容转悲为喜。
笑里藏刀	形容对人外表和气，内心却阴险毒辣。比喻外表和气而内心阴险。
刀光剑影	挥刀击剑时的闪光和影子。形容激烈、紧张地交锋搏斗。
影影绰绰	可形容人或物模糊不清，看不真切。

成语故事

江郎才尽

南朝的江淹，字文通，宋州济阳考城（今省商丘市民权县程庄镇）人，他年轻的时候，就成为一个鼎鼎有名的文学家，他的诗和文章在当时获得极高的评价。可是，当他年纪渐渐大了以后，他的文章不但没有以前写得好了，而且退步不少。他的诗不仅写出来平淡无奇，而且提笔吟握好久，依旧写不出一个字来；偶尔灵感来了，诗写出来了，但文句枯涩，内容平淡得一无可取。于是有人传说，有一次江淹在冶亭中睡午觉，梦见一个自称郭璞的人，走到他的身边，向他索笔，对他说："文通兄，我有一支笔在你那儿已经很久了，应该可以还给我了吧！"江淹听了，就顺手从怀里取出一支五色笔来还给他。据说从此以后，江淹就文思枯竭，再也写不出什么好文章了。

后来，人们用"江郎才尽"来比喻人的才思减退。

成语集合

江东父老——江河日下——江天一色——江山补漏

江洋大盗——江云渭树——江山如画——江郎才掩

接龙答案

1 忠 2 破 3 羊 4 涕 5 藏 6 剑

完成接龙

成语解释

雷厉风行	厉：猛烈。像打雷那样猛烈，像刮风那样快。比喻执行政策法令严厉迅速。也形容办事声势猛烈，行动迅速。
行将就木	行将：快要；就木：进入棺材。指人快要死了。
木形灰心	比喻不为外物所扰，对一切世事都无动于衷。
心口不一	嘴上说的和心里想的不一样。形容人虚伪、奸诈。
一呼百应	应：响应。一人召唤，众人响应。
应对如流	应答像流水一样。形容答话敏捷、流利。
流离失所	流离：流转离散。形容到处流浪，无处安身。
所向无前	无论走到哪里，前面都没有能阻挡的。形容军威壮盛，锐不可当。
前功尽弃	功：功夫；弃：失掉。指事情在接近成功时遭到失败，前面的努力都白费了。
弃暗投明	离开黑暗，投奔光明。现指在政治上脱离反动势力，投向进步方面。

成语故事

雷厉风行

唐朝时期，韩愈因反对唐宪宗迎佛骨而触怒了皇帝，并因此被贬为潮州刺史。他到任后写《潮州刺史谢上表》歌颂唐宪宗能够躬亲听政、旋乾转坤、机关阖开、雷厉风行。唐宪宗觉得他很忠心，于是改授他为袁州刺史，后又升任为国子祭酒，韩愈因此重新获得了重用。

后来，人们用“雷厉风行”比喻执行政策法令严厉迅速。

成语集合

雷轰电掣——雷霆万钧——大发雷霆——雷霆之怒——雷打不动——雷电交加——如雷贯耳——暴跳如雷

接龙答案

1 形　2 口　3 百　4 离　5 向　6 功

完成接龙

成语解释

四海为家	原指帝王占有全国。后指什么地方都可以当作自己的家。指志在四方，不留恋家乡或个人小天地。
家贼难防	家贼：家庭内部的小偷。家庭内部的小偷难以防备。形容内部的奸贼、隐患等难以察觉。
防微虑远	微：细小，指事物的苗头。指对错误或坏事刚有苗头就要加以防范，并考虑长远之计。
远见卓识	卓：卓越，高超。有远大的眼光和不平凡的见识。
识途老马	熟悉道路的老马。比喻熟悉情况，经验丰富的人。
马马虎虎	形容做事草率、随便，不负责任。
虎口余生	从老虎嘴里逃出来的性命。比喻经历了极大的危险，侥幸保全性命。
生死之交	生死：同生共死。可共同生死的朋友。
交头接耳	形容彼此靠得近，低声交谈。
耳目一新	听到的、看到的，跟以前完全不同，都是新的。形容感觉与以往大不相同，使人振奋。

成语故事

四海为家

汉高祖刘邦打败项羽后，终于一统中原，成就了霸业，他命令相国萧何建新都城长安。新都建成之后，皇宫极为富丽堂皇，雄伟壮观。刘邦见皇宫如此恢弘，便十分生气，萧何说："皇上以四海为家，宫室修得庄严雄伟，可以使四方臣服"。

后来，人们用"四海为家"来形容志在四方，不留恋家乡或个人的小天地。

成语集合

海阔天空 — 海内无双 — 海枯石烂 — 海底捞针

海外奇谈 — 海角天涯 — 海不扬波 — 海市蜃楼

接龙答案

1 难　2 虑　3 见　4 口　5 之　6 新

第六章　四季成语接龙

完成接龙

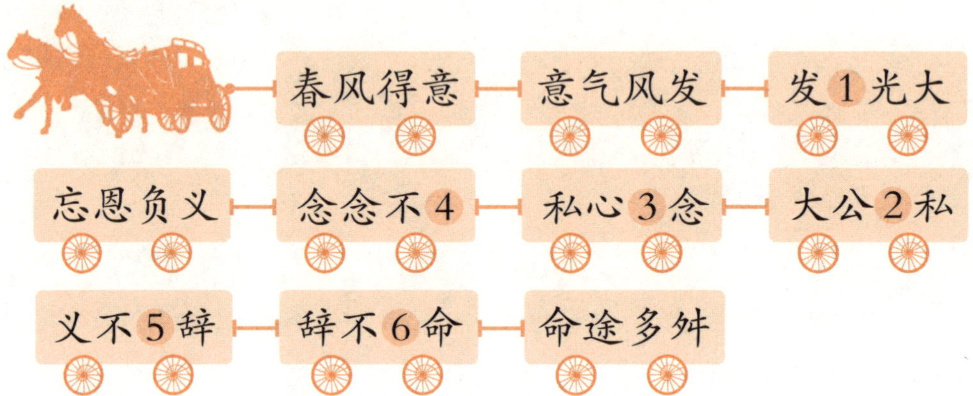

成语解释

春风得意	旧时形容考中进士后的兴奋心情。后形容获得成功或事业顺利时的心满意足。
意气风发	意气：意志和气概；风发：像风一样迅猛。形容精神振奋，气概豪迈。
发扬光大	发扬：发展，提倡；光大：辉煌而盛大。使好的作风、传统等得到发展和提高。
大公无私	指办事公正，没有私心。现多指从集体利益出发，毫无个人私欲。
私心杂念	指为个人利益打算的种种念头。
念念不忘	念念：时刻思念。形容牢记于心，时刻不忘。
忘恩负义	恩：恩惠；负：违背；义：情谊，恩谊。忘记别人对自己的好处，反而做出对不起别人的事。
义不容辞	容：允许；辞：推托。道义上不允许推辞。
辞不获命	辞：谢谢；命：允许。辞谢没有得到允许。
命途多舛	命途：平生经历；舛：不幸。指平生经历坎坷，多灾多难。

成语故事

春风得意

唐朝有位叫孟郊的诗人，年轻时隐居在嵩山，过着清贫闲淡的生活。在母亲的鼓励下，他多次进京赶考，却屡试不中，一直到了41岁考取了进士，于是，他写诗“昔日龌龊不足夸，今朝放荡思无涯。春风得意马蹄疾，一日看尽长安花”来抒发自己的喜悦心情。

后来，人们用“春风得意”来形容获得成功或事业顺利时的心满意足。

成语集合

春风化雨——春风一度——春风满面——春光漏泄

春光明媚——春寒料峭——春和景明——春花秋月

接龙答案

1 扬 2 无 3 杂 4 忘 5 容 6 获

完成接龙

成语解释

夏虫不可语冰	语：说话，谈论。比喻人的见识短浅。
冰壶秋月	冰壶：盛水的玉壶，比喻洁白；秋月：秋天的月亮，比喻皎洁。比喻品德高尚，心灵纯洁。
月明星稀	月色明亮，星星稀少。形容月色明朗。
稀奇古怪	形容罕见而又奇特。
怪诞不经	不经：毫无根据。形容说话荒唐离奇，毫无根据。
经久不息	经过很长时间也不停止。
息事宁人	息：平息；宁：使安定。原意是不制造事端扰害百姓。后多用来指平息纠纷，减少麻烦。
人之常情	指人们常有的想法或感情。
情急智生	智：智慧。在情况紧急时猛然想到应对的办法。
生财有道	道：方法，办法。很有发财的办法。形容善于经商或敛财。

成语故事

夏虫不可语冰

庄子说过：和井底之蛙不要与它交谈关于海的事情，因为以它的眼界不可能知道大海的博大；对夏天生死的虫子不可与它交谈冰雪，因为它的眼界受着时令的制约；对见识浅陋的人不可与他谈论关于大道理的问题，因为他的眼界受着所受教育的束缚。如今你从河岸流出来，看到大海后，才知道你的浅陋，这就可以与你谈论大道理了。天下的水，没有比海更大的了。

后来，人们用“夏虫不可语冰”来比喻人的见识短浅。

成语集合

夏五郭公 — 夏雨雨人 — 夏日可畏 — 夏虫朝菌

无冬无夏 — 夏虫疑冰 — 夏虫不可语冰

接龙答案

1 壶 2 稀 3 久 4 之 5 急 6 财

完成接龙

成语解释

秋风过耳	像秋风从耳边吹过一样。比喻与己无关，毫不在意。
耳边风	耳边吹过的风。比喻听过之后不放在心上的话。
风靡一时	风靡：草木随风刮下。形容一个事物在某个时期非常盛行。
时不可失	时：时机；失：失掉，错过。时机不要失掉。指要抓住有利时机。
失道寡助	道：指真理、正义；寡：少。违背正义，就必然陷于孤立，得不到多数人的支持。
助人为乐	把帮助别人当作快乐。
乐而忘返	返：回归。快乐得忘记返回。
返本还原	返回原来的地方，来寻求根本。后多指返回原来的状态。
原原本本	探求事物的原始，追求事物的根本。
本末倒置	本：树根；末：树梢。指主要的和次要的、重要的和不重要的位置弄颠倒了。

成语故事

秋风过耳

春秋时吴王有四个儿子，其中最小的儿子叫季札，他品德高尚，吴王很喜欢他。

吴王病重后，他把季札叫来，想要把王位传给他。季札不受，说："按理是长子即位，父王请不要对我有什么偏爱！"吴王无奈只得将王位传给了长子诸樊，并嘱咐他好好照顾季札。

诸樊成为了吴王之后，就和两个弟弟商量，王位以后兄弟依次相袭，最后让季札为王。三个兄弟相继成为了吴王。季札都忠诚地辅佐他们，因此贤名远扬。

后来，余昧临终要将王位传给季札，季札坚决推脱，说："我早就说过不要王位。做人只求为人正派，品德高尚。至于荣华富贵，不过像耳边吹过的秋风，我是不关心的。"之后，他离开了京城，直到僚被立为吴王，他才返回吴国，继续辅佐僚治理国家。

后来，人们"秋风过耳"来比喻与自己无关，毫不在意。

成语集合

秋高马肥 — 秋毫无犯 — 秋月春风 — 秋高气爽

秋风过耳 — 秋毫之末 — 秋风团扇 — 秋水伊人

接龙答案

1 边 2 一 3 不 4 而 5 本 6 末

第七章 植物成语接龙

完成接龙

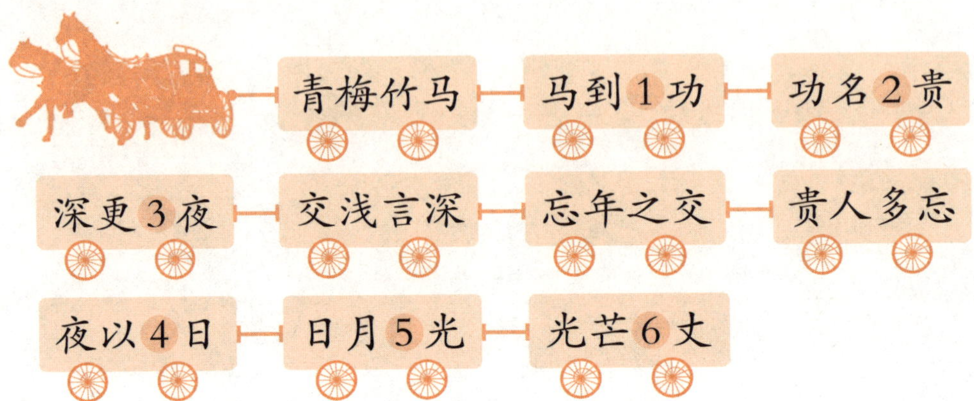

成语解释

青梅竹马	青梅：青的梅子；竹马：儿童以竹竿当马骑。形容小儿女天真无邪玩耍游戏的样子。现指男女幼年时亲密无间。
马到成功	形容工作刚开始就取得成功。
功名富贵	旧指科举考中做官，生活富有，地位显赫。现泛指有钱有地位的人。
贵人多忘	本指地位高的人对人或事傲慢，不念旧情。现多讽刺人健忘。
忘年之交	指年岁相差大、辈分不同而交情深厚的朋友。
交浅言深	指对交往不深的人谈心理话。
深更半夜	指深夜。
夜以继日	以：拿，用；继：继续。晚上连着白天。形容日夜不停地从事某个活动。
日月无光	太阳和月亮没有光亮。形容天地昏暗，也比喻政治黑暗。
光芒万丈	万丈：引申为远方。形容光辉灿烂，照耀四方。

成语故事

青梅竹马

在很久以前，古代金陵城的长干里街道上住着两户人家。两家人一家是一个女孩，另一家是一个男孩，他们从小在一起玩耍。小男孩用竹竿当马骑，欢快地跑来跑去，女孩见梅树上长着许多青梅就唤男孩去摘，男孩给她摘下许多。后来，两个小孩长大了，结为夫妻，恩恩爱爱白头到老。

后来，人们用“青梅竹马”来比喻男女幼年时亲密无间。

成语集合

望梅止渴——止渴思梅——摽梅之年——竹报平安——竹马之好——胸有成竹——竹林之游——势如破竹

接龙答案

1 成 2 富 3 半 4 继 5 无 6 万

完成接龙

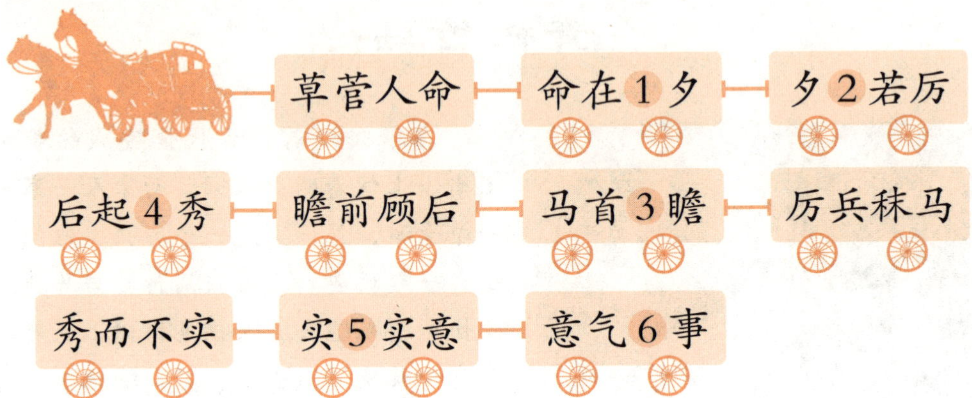

成语解释

草菅人命	草菅：野草。把人命看作野草。比喻反动统治者随意虐杀人民。
命在旦夕	旦夕：指早晚之间，形容时间极短。形容生命垂危，随时会死去。
夕惕若厉	夕：晚上；惕：小心谨慎；若：如；厉：危险。形容每时每刻都十分警惕。
厉兵秣马	把兵器磨快，把战马喂饱。形容做好战前准备。也比喻事前做好准备工作。
马首是瞻	瞻：看。比喻服从某一个人的指挥或乐意追随某人。
瞻前顾后	瞻：向前看；顾：回头看。看看前面，又看看后面。形容做事谨慎，考虑周密。
后起之秀	指晚辈中才能出众的人。
秀而不实	秀：庄稼吐穗开花；实：结果实。庄稼只开花不结果。比喻只学到一点皮毛，而实际并无成就。
实心实意	形容待人真诚，实在。
意气用事	意气：主观偏激的情绪；用事：行事。指办事只凭一时的想法和情绪，缺乏理智。

成语故事

草菅人命

洛阳人贾谊是汉朝时的一位名人。他自小聪慧好学，很有才华。被汉文帝召为博士，担任过太中大夫的官职。但是他在政治上并不得志，他自比屈原，写下了《吊屈原赋》等文章。后来，汉文帝把他召回，让他担任梁王刘揖的太傅。梁王是汉文帝最宠爱的儿子，汉文帝指望他将来能继承皇位，所以对他要求很严格，希望贾谊能够好好地教导他。贾谊说道："辅导皇子，让他掌握知识固然重要，但更重要的，是教他如何成为一个正直的人。在秦朝末年，赵高教导秦二世胡亥严刑酷狱。因此，胡亥一当上皇帝，就胡乱杀人，就好像看待割茅草一样，不当一回事。这难道只是胡亥的本性生来就坏吗？他会这样是因为教导他的人没有引导他走上正道，这才是根本原因所在。"后来，贾谊担任太傅，悉心辅导梁王。可是梁王不慎骑马摔死，贾谊自责没有尽到太傅的责任，因此终日郁郁不乐，常常哭泣，一年多后就死了，死时才33岁。

后来，人们用"草菅人命"来形容反动统治阶级杀人的凶残狠毒。

成语集合

草木皆兵 — 草长莺飞 — 草行露宿 — 草率从事

草庐三顾 — 草草了事 — 草率收兵 — 草间求活

接龙答案

1 旦 2 惕 3 是 4 之 5 心 6 用

完成接龙

成语解释

树倒猢狲散	树倒了，树上的猴子就散去。比喻靠山一旦垮台，随从的人也就一哄而散。
散带衡门	散：散开，解开；带：衣带；衡门：简陋的门户。指退出官场闲居或过上隐居的日子。
门户之见	门户：派别；见：成见。指因派别不同而产生的成见。
见景生情	看到眼前的景物而引起某种联想。现也指随机应变。
情理难容	容：宽容，原谅。无论从人情或事理来说都不能原谅。
容光焕发	容光：脸上的光彩；焕发：光彩四射的样子。形容身体健康，精神饱满。
发愤图强	发愤：决心努力；图：谋求。下决心努力奋斗，谋求富足强盛。
强干弱枝	加强树干，削弱枝叶。比喻加强中央权力，削弱地方势力。
枝词蔓语	形容烦琐的言词。
语无伦次	伦次：次序，条理。指话说得颠三倒四，毫无条理。

成语故事

树倒猢狲散

宋高宗时，有个叫曹咏的侍郎，他善于溜须拍马，深得奸相秦桧的欢心，所以官运亨通，在朝中当了大官。曹咏出人头地之后，有很多人来巴结他，曹咏非常得意。唯一让他气恼的是，他的大舅子厉德新却从不巴结他。对此，曹咏耿耿于怀，一心想要整治厉德新，无奈厉德新洁身自好，曹咏一直无从下手。后来，秦桧死了，依附秦桧的人都倒台了，曹咏也被贬到了新州，厉德新得到消息后就写了一篇题为《树倒猢狲散》的赋寄给曹咏。文中将秦桧比作大树，把曹咏等人比作树上的猴子，揭露了曹咏这种人依靠秦桧这棵大树作威作福、鱼肉百姓的丑恶行径。文中说如今大树一倒，猢狲四散，于国于家，真是可嘉可贺，曹咏收到这篇文章后气得半天说不出话来。

后来，人们用“树倒猢狲散”来比喻有权势的人一旦倒台，依附他的人便纷纷散伙。

成语集合

树碑立传 — 树大招风 — 树倒根摧 — 树德务滋

别树一帜 — 火树银花 — 铁树开花 — 枯树开花

接龙答案

1 带　2 之　3 景　4 难　5 弱　6 词

完成接龙

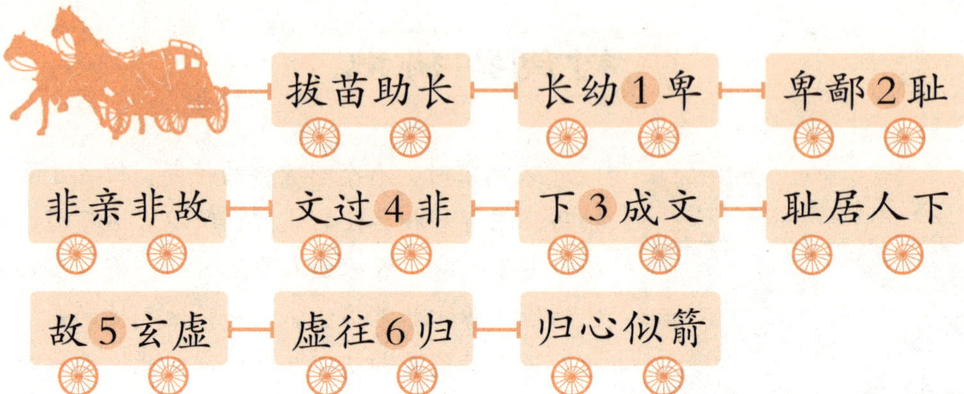

成语解释

拔苗助长	把苗拔起来，帮助苗快长。比喻违反事物发展的客观规律，急于求成，只能事与愿违。
长幼尊卑	指辈分大小，地位高低。
卑鄙无耻	形容品质恶劣，不知道羞耻。
耻居人下	耻：羞耻，耻辱。以地位在人之下为耻，形容胸怀大志。
下笔成文	一下笔就很快写成章。形容文思敏捷，才华横溢。
文过饰非	过：过错；非：错误。用虚伪的言辞来掩饰自己的错误或缺点。
非亲非敌	亲：亲属；故：故旧，老朋友。不是亲属也不是故旧。表示彼此之间没有特殊的头系。
故弄玄虚	故：故意；弄：玩弄；玄虚：用来掩盖真相，使人迷惑的欺骗手段。指故意玩弄手段来迷惑人。
虚往实归	虚：白白的；往：来；实：指有收获。比喻来的时候还不明白，回去的时候就已经很有收获了。
归心似箭	形容回家心切。

成语故事

拔苗助长

在古代宋国（今商丘），有个急性子的农民，总嫌田里的秧苗长得太慢。他成天围着那块田转悠，隔一会儿就蹲下去，用手量量秧苗长高了没有，但秧苗好像总是那么高。用什么办法可以让苗长得快一些呢？他想啊想啊，终于想出了一个办法：“我把苗往高处拔拔，秧苗不就一下子长高了一大截吗？”说干就干，他就动手把秧苗一棵一棵地拔高了。可不过三天，那些秧苗都死了。

后来，人们用“拔苗助长”来比喻违反事物发展的客观规律，急于求成，只能事与愿违。

成语集合

苗而不秀 — 揠苗助长 — 拔山盖世 — 拔树寻根

拔山打鼎 — 拔茅连茹 — 拔刀相助 — 拔来报往

接龙答案

1 尊 2 无 3 笔 4 饰 5 弄 6 实

完成接龙

成语解释

草木皆兵	把山上的草木都当作敌兵。形容人在惊慌时疑神疑鬼。
兵荒马乱	荒、乱：指社会秩序不安定。形容战争期间社会混乱不安的景象。
乱臣贼子	乱臣：犯上作乱的人；贼子：不孝子孙。旧时儒家指不忠不孝之人。后泛指造反作乱，破坏统治秩序的人。
子虚乌有	指假设的、不真实的或不存在的事情。
有犯无隐	指对上无顾忌地直言，即使冒犯也不顾。
隐约其辞	隐：不明显，含糊不清。形容说话躲躲闪闪，含糊不清。
辞尊居卑	辞：告别；居：位于；尊：高贵；卑：低下。指放弃高位而甘居低位。
卑躬屈节	卑躬：弯腰。低头弯腰，丧失气节。形容献媚奉承，没有骨气。
节衣缩食	节：节省；缩：缩减。省吃俭用，尽量节约。
食不果腹	果腹：吃饱肚子。指吃不饱肚子。形容生活很贫困。

成语故事

草木皆兵

东晋时代，秦王苻坚控制了北部中国。公元383年，苻坚率领步兵、骑兵90万，攻打江南的晋朝。晋军大将谢石、谢玄领兵8万前去抵抗。苻坚得知晋军兵力不足，就想以多胜少，抓住机会，迅速出击。

谁料，苻坚的先锋部队25万在寿春一带被晋军出奇击败，损失惨重，大将被杀，士兵死伤万余。秦军的锐气大挫，军心动摇，士兵惊恐万状，纷纷逃跑。此时，苻坚在寿春城上望见晋军队伍严整，士气高昂，再北望八公山，只见山上一草一木都像晋军的士兵一样。苻坚回过头对弟弟说：“这是多么强大的敌人啊！怎么能说晋军兵力不足呢？”他后悔自己过于轻敌了。

后人，人们用“草木皆兵”来形容神经过敏、疑神疑鬼的惊恐心理。

成语集合

木本水源 — 木雕泥塑 — 木人石心 — 木头木脑

木心石腹 — 木已成舟 — 木形灰心 — 草衣木食

接龙答案

1 荒 2 贼 3 乌 4 无 5 尊 6 衣

完成接龙

成语解释

玉叶金枝	封建时皇家后裔的代称
枝叶扶疏	形容枝叶繁茂四布，长势良好。也比喻分析事情详尽缜密。也形容家族繁盛，子孙满堂。
疏不间亲	间：参与。指关系疏远的不参与关系亲近者之间的事。
亲如骨肉	形容感情极其亲密、深厚。
肉眼愚眉	肉眼：俗眼。形容目光短浅，行动迟缓的蠢人。
眉开眼笑	眉头舒展，眼含笑意。形容高兴、愉快的样子。
笑逐颜开	逐：追随；颜：面容，脸色。形容眉开眼笑，十分高兴的样子。
开诚布公	开诚：敞开胸怀，显示诚意。指诚心待人，坦白无私。
公正无私	私：私心。公平正直，没有偏私。
私淑弟子	私：私下；淑善。私下向自己仰慕敬佩的人学习的学生。

成语故事

玉叶金枝

唐朝有个名将叫郭子仪，他护国有功被封为汾阳王。皇帝为了以示恩宠，将女儿升平公主嫁给郭子仪的儿子郭暧为妻。在郭子仪夫妇七十双寿之际，公主自恃金叶玉枝，未到寿堂拜寿。郭暧盛怒之下责打了公主。公主受了委屈，跑回皇宫哭诉。皇帝疼爱女儿，但因女儿不识大体在先，不肯追究郭暧的责任。公主再三撒娇，皇帝假意要处死郭暧，公主遂为夫求情。郭子仪闻讯深知闯祸，赶忙绑了郭暧前去请罪。为笼络功臣，皇帝不但赦免了郭暧，还升了郭暧的职。之后，公主随夫向公婆拜寿，合家一片欢乐。

后来，人们用“玉叶金枝”来特指后族或帝王之家的亲属。

成语集合

叶公好龙 — 叶落归根 — 叶落知秋 — 绿叶成阴 — 枝繁叶茂 — 枯枝败叶 — 粗枝大叶 — 一叶知秋

接龙答案

1 扶 2 不 3 骨 4 愚 5 布 6 无

完成接龙

成语解释

世外桃源	原指与现实社会隔绝、生活安乐的理想境界。后也指环境幽静生活安逸的地方。借指一种空想的脱离现实斗争的美好世界。
源源不绝	源源：水流不断的样子。形容接连不断。
绝无仅有	极其少有。形容非常少有。
有口无心	嘴上说了，心里可没那样想。说话漫不经心、不加思考。
心腹之交	心腹：指亲信。指可靠的朋友或信得过的人。
交头接耳	交头：头靠着头；接耳：嘴凑近耳朵。形容两个人靠得很近，低声交谈。
耳聪目明	听得清楚，看得分明。形容头脑清楚，眼光敏锐。
明月入怀	比喻心胸开朗。
怀才不遇	胸怀才学而未逢其时。多指屈居微贱而不得志。
遇人不淑	淑：善，美。遇到不善良的人。旧指女子嫁了一个品质不好的丈夫。

成语故事

世外桃源

东晋著名诗人陶渊明在《桃花源记》里写到一个渔夫划船到了一个山洞里，发现了一个世外桃源。那里的居民安居乐业，大人小孩都平等地参加劳动，这里没有赋税和徭役，人们的关系十分融洽，到处是一遍安乐祥和的气氛，与外面的纷乱是完全不同的。

后来，人们用“世外桃源”指环境幽静生活安逸的地方，也借指一种空想的脱离现实斗争的美好世界。

成语集合

桃李争妍 — 桃满天下 — 李代桃僵 — 投桃报李

艳如桃李 — 杏脸桃腮 — 桃红柳绿 — 桃李门墙

接龙答案

1 不　2 无　3 无　4 之　5 头　6 入

完成接龙

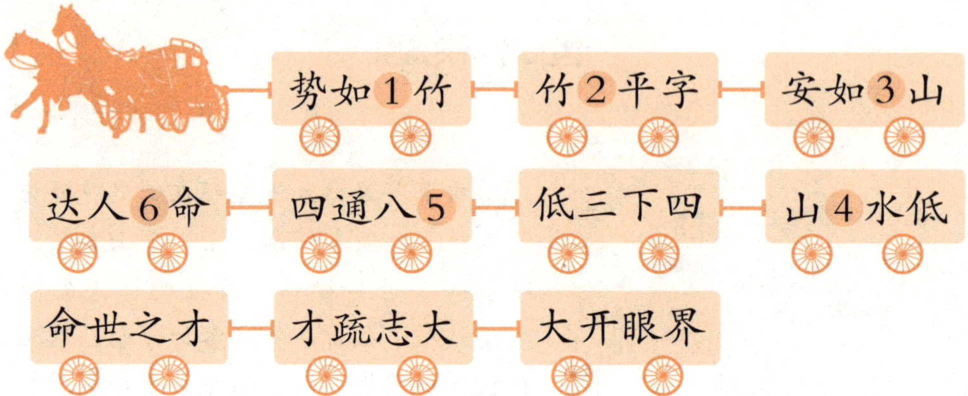

成语解释

势如破竹	指形势就像劈竹子，头几节劈开后，接下来的就毫无阻碍。
竹报平安	用写家信告诉全家平安。
安如泰山	安：安稳。像泰山一样安稳。形容事物非常稳固，不能动摇。
山高水低	比喻不测的事情或不幸遭遇，多指人的死亡。
低三下四	形容卑躬下贱，没有骨气。
四通八达	四面八方都有路。形容交通极其便利。
达人知命	达人：通达事理的人。通达事理的人，能安守命运的安排。
命世之才	命世：闻名于世。原指顺应天命而降生的人才，后指能拨乱反正或声望很大的杰出人才。
才疏志大	志：志向，抱负。才学粗疏而志向远大。
大开眼界	大大开阔了视野。多形容看到了未曾见过的事物。

成语故事

势如破竹

公元279年，晋武帝司马炎调动了二十多万兵马，兵分六路，攻打吴国，一路战鼓齐鸣，战旗飘扬，士气高亢。第二年司马炎就攻占了江陵，在沅江、湘江以南的吴军闻风丧胆，纷纷开城投降。司马炎命杜预从小路继续向吴国国都建业进发。这时，有人担心长江水势暴涨，建议杜预暂时收兵等到冬天河中水位下降时再进攻。杜预坚决反对，他说：“现在趁士气高涨，斗志正旺，取得一个又一个胜利，势如破竹，一举攻击吴国不会再费多大力气了！”晋朝大军的在杜预率领下，直冲向吴都建业，不久就攻占建业灭了吴国。

后来，人们用“势如破竹”来形容像劈竹子一样，毫不阻碍或气势不可阻挡。

成语集合

竹苞松茂——竹马之交——竹头木屑——哀丝豪竹——磬竹难书——青梅竹马——金石丝竹——成竹在胸

接龙答案

1 破　2 报　3 泰　4 高　5 达　6 知

完成接龙

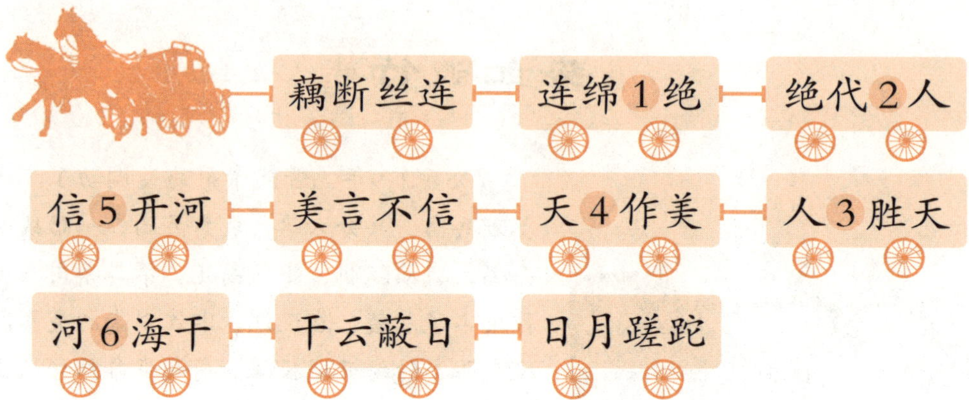

成语解释

藕断丝连	藕已断，但还有许多丝连接着。比喻没有彻底断绝关系。多指男女之间情思难断。
连绵不绝	指连续而不中断。
绝代佳人	绝代：当代独一无二；佳人：美人。比喻女子姿容极为漂亮，无与伦比。
人定胜天	人定：人谋。指人的力量、智慧能够战胜自然。
天不作美	老天不成全美事。多指要进行的事情因刮风下雨而受到了影响。
美言不信	信：确信，真实。美丽的话语常常不可信。
信口开河	信口：随口；开：张口。比喻随口乱说一气。
河落海干	河水下落，海水枯干。开容彻底干净，一点儿不剩。
干云蔽日	干：冲上；蔽：遮掩。冲上云霄，挡住太阳。形容树木茂盛或建筑物高大。
日月蹉跎	时光白白地过去，无所成就。

成语故事

藕断丝连

唐代诗人孟郊在江南当官时，时常以作诗为乐，作不出诗则不出家门，所以有人称其为“诗囚”。不过，他不事政务，曾经被罚半俸，不久后，孟郊干脆弃官不做。后来，他以被抛弃的妇女的口吻创作了一首诗：“君心匣中镜，一破不复全。妾心藕中丝，虽断犹牵连。安知御轮士，今日翻回辕。一女事一夫，安可再移天。君听去鹤言，哀哀七丝弦。”

后来，人们用“藕断丝连”来比喻关系没有彻底断绝。

成语集合

丝来线去 — 丝丝入扣 — 金石丝竹 — 抽丝剥茧 — 寸丝不挂 — 茧丝牛毛 — 蛛丝马迹 — 一丝不苟

接龙答案

1 不 2 佳 3 定 4 不 5 口 6 落

完成接龙

成语解释

让枣推梨	小儿推让食物的典故。比喻兄弟友爱。
梨园弟子	原指宫廷培训的歌伶舞伎。后泛指戏剧演员。
子虚乌有	子虚：并非真实；乌有：哪有。指假设的、不存在的、不真实的事情。
有目共睹	睹：看见。指非常明显，谁都看得见。
睹物思人	睹：看；思：思念。看见死去或离别的人留下的东西就想起了这个人。
人仰马翻	人马都被打得仰翻在地。形容被打得惨败。也形容忙得一塌糊涂，不可收拾。
翻云覆雨	比喻要手段、玩弄权术或反复无常。
雨散云收	指雨后天晴。比喻亲朋好友离散。
收回成命	命：命令，指示。指收回或取消已发布的命令或决定。
命如悬丝	比喻生命危险。

成语故事

让枣推梨

南朝梁时人王泰，小时候是个聪明有悟性、懂礼貌的孩子。在他仅几岁的时候，他的祖母把自己所有年幼的子孙们叫到一起，把许多红枣、栗子倒在床上，让他们随便拿着吃。结果，这群小孩抢的抢，夺的夺，乱成一团。唯独王泰不争不抢。亲戚们都很赞赏他有礼貌和礼让他人的品德，认为他长大后必定有出息，是个奇特的人才。

后来，人们用“让枣推梨”来形容对待兄弟姊妹礼让友爱的好品德。

成语集合

杏雨梨云 — 哀梨蒸食 — 囫囵吞枣 — 祸枣灾梨

接龙答案

1 园 2 乌 3 共 4 思 5 覆 6 悬

完成接龙

成语解释

天女散花	本是佛经故事，言天女散花以试诸菩萨和弟子的道行，结习未尽者，花即着身。现形容大雪纷飞等景象。
花好月圆	花儿正盛开，月亮正圆满。比喻美好圆满。多用于祝贺人新婚。
圆首方足	首：头；足：脚。圆头方脚 。古时候的人概括人类的基本特征。
足智多谋	足：充足。有丰富的智慧，很多的计谋。
谋财害命	图谋钱财，伤害人的性命。
命世之才	原指顺应天命而生的人才。后指能拨乱反正或声望很大的杰出之才。
才华出众	才华：表现于外的才能，多指文艺方面。指才能超出一般人之上。
众口一词	形容大家说的完全一样。
词严义正	义：道理；正：正大。言辞严密厉害，道理光明正大。
正气凛然	正气：正直的气节和光明正大的作风；凛然：令人敬畏的样子。形容因节气正直、作风光明正大而令人敬畏的样子。

成语故事

天女散花

传说在古代印度的昆耶离城中，有位佛教传播者名叫维摩诘。有一次，维摩诘又以患病为由，进行现身说法。释迦牟尼知道了，便派文殊菩萨、普贤菩萨去向维摩诘问候。当时，维摩诘室内有一位天女，她想用撒天花的办法来验证各位菩萨和正在听讲的那些大弟子的向道之心。如果天花附身，说明佛心不坚；如果天花不附身，说明他们真心向道。于是，天女立即将无数的天花撒落。只见天花落到文殊、普贤等菩萨身上后，便纷纷附地；而天花落到那些大弟子身上后，天花着身不落。天女对大弟子们说："看来，你们俗缘未尽，所以天花着身。"大弟子们十分羞惭。维摩诘说："普贤、文殊跟着释迦修行了多少年，才能天花不着身；你们只要努力修行，一定也会达到这种境界的！"

后来，人们用"天女散花"来形容花朵、雪花等纷纷坠落。

成语集合

花香鸟语 — 花团锦簇 — 花言巧语 — 花样百出 — 花容月貌 — 花花绿绿 — 花残月缺 — 花红柳绿

接龙答案

1 好　2 方　3 智　4 世　5 一　6 凛

完成接龙

成语解释

黄粱一梦	黄粱：小米。比喻虚幻、不切实际的空想。
梦寐以求	寐：睡着。睡觉做梦的时候都在追求。形容迫切地期望着。
求之不得	原指迫切地要求，却不能得到。后来形容迫切希望得到某种东西。
得不偿失	偿：抵补。所得到的抵偿不了所受的损失。
失张失智	形容举止失常，失魂落魄的样子。
智勇双全	智：智谋。又有智谋，又很勇敢。
全心全意	只有一个念头，丝毫不夹杂其他念头。
意断恩绝	指情义断绝。
绝后光前	绝：断绝；光：光大。扩充了前人所不及的事，做出了后人难以做到的事。用来称颂别人的行为或成就极其完善。
前车可鉴	鉴：引申为教训。指前人的失败，可作为后人的教训。

成语故事

黄粱一梦

古代有个青年卢生，旅途中经过邯郸，住在一家客店里。道人吕翁也住在这家客店里，卢生同吕翁谈话之间，连连怨叹自己穷困的境况。吕翁便从行李中取出一个枕头来，对卢生说：“你枕着这个枕头睡，就可以获得荣华富贵。”这时，店主人正在煮黄粱饭，离开饭时间尚早，卢生就枕着这个枕头，先睡一会儿。不想一躺下去立刻做起梦来。在梦里，他娶了清河崔府里一位高贵而美丽的小姐，生活阔绰，十分体面。第二年，又考中进士，后来步步高升，一直做到节度使，御史大夫，还当了十年宰相，后来受封为燕国公。他的五个儿子，都和名门望族结了亲，而且也都做了大官。他一共有十几个孙子，个个都聪明出众。真是子孙满堂，福禄齐全。他一直活到八十多岁才寿终正寝。梦一结束，他也就醒来了。这时，他才发觉原来是做了一个梦，吕翁仍坐在旁边，店主人煮的黄粱饭还没好呢。

后来，人们用“黄粱一梦”来比喻虚幻、不切实际的空想。

成语集合

膏粱锦绣 — 膏粱子弟 — 一枕黄粱 — 膏粱文绣

接龙答案

1 以 2 不 3 张 4 勇 5 全 6 断

第八章　同字成语接龙

完成接龙

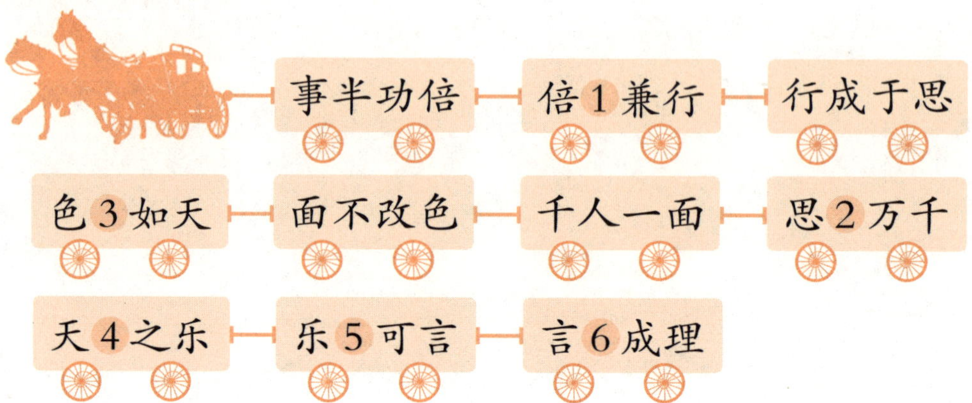

成语解释

事半功倍	指做事因为得法，所以费力小，收效大。
倍道兼行	兼：加倍。一天的时间赶两天的路。形容快速行进。
行成于思	指做事情之所以能成功主要在于多思考。
思绪万千	指思想的头绪相当多，思虑复杂多端。
千人一面	面：脸谱。众多人的面孔一个样子。多用以讥讽文学创作上的雷同。
面不改色	指脸色不变。形容遇到危险时从容镇静、毫不畏惧的样子。
色胆如天	色：女色。贪恋女色的胆量像天一样大。形容因贪恋女色而无法无天。
天伦之乐	指合家团聚的欢乐。
乐不可言	乐：快乐；言：说。高兴得无法用言语表达。形容快乐到极点。
言之成理	之：代词，指所说的事。形容讲得合乎道理。

成语故事

事半功倍

春秋战国时期，有一次，大思想家孟子和他的学生公孙丑谈论统一天下的问题。他们从周文王谈起，说当时文王以方圆仅一百里的小国为基础，施行仁政，从而创立了丰功伟业；如今天下老百姓都苦于战乱，像齐国这样地大物博的国家，如果能推行仁政，那么要统一天下，和周文王比起来要容易多了。

孟子最后说：“今天，像齐国那样的大国，如能施行仁政，天下百姓必定十分喜欢，因为这是在帮助他们解除痛苦。所以，给百姓的恩惠只要有古人的一半，而获得的效果必定能够加倍。现在正是最好的时机呢！”

后来，人们“事半功倍”来形容所费力小，而收效大。

成语集合

实事求是 — 事倍功半 — 好事多磨 — 事必躬亲 — 无所事事 — 事败垂成 — 万事大吉 — 多事之秋

接龙答案

1 道　2 绪　3 胆　4 伦　5 不　6 之

完成接龙

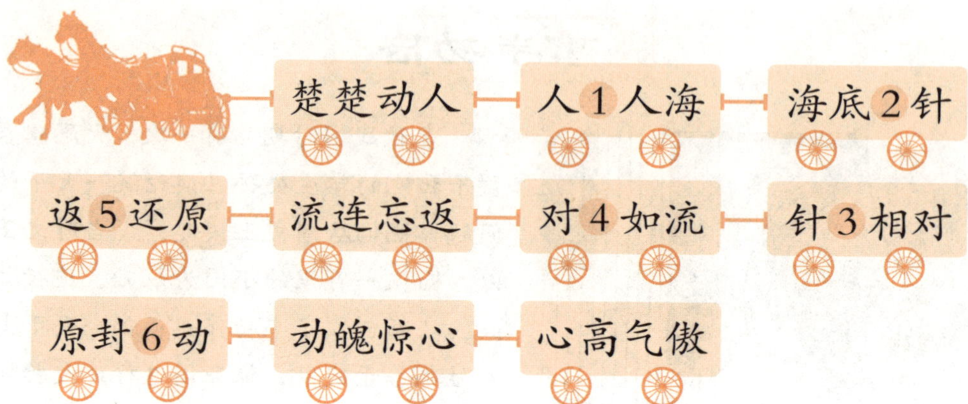

成语解释

楚楚动人	楚楚：纤细、鲜明。多形容年轻妇女惹人喜爱。
人山人海	人群如山似海。形容人聚集得非常多。
海底捞针	比喻寻找极为困难或目的不可能达到。
针锋相对	针锋：针尖。针尖对针尖。比喻针对对方的论点或行动进行回击。
对答如流	答话像水流一样迅速。形容反应敏捷，口才好。
流连忘返	流连：留恋不止；返：回。原指迷恋于游乐，忘了归去。现多形容留恋美丽的景色，不舍离去。
返本还原	返回原来的地方，来寻找根本。
原封不动	原封：没有开封。完全是原样，一点都没有变动。
动魄惊心	指作品文字运用得好，使人感受极深，神魂为之震动。
心高气傲	傲：高傲，自高自大。自视高人一等而自傲之气溢于言表。

成语故事

楚楚动人

从前有个小伙子叫阿土，他以打鱼卖鱼为生。有一天，他打了很多鱼，要背到街上去卖掉。当他走到别人家门口时，门突然开了。只见一个女子从门口走出，那女子长得非常漂亮，体态婀娜，娇美可爱，使得小伙子的心扑通扑通一阵乱跳，以为是仙女下凡，顿时生起爱慕之心。

后来，人用“楚楚动人”来形容年轻妇女惹人喜爱。

成语集合

楚楚可怜 — 楚材晋用 — 朝秦暮楚 — 肝胆楚越

衣冠济楚 — 衣冠楚楚 — 四面楚歌 — 楚楚动人

接龙答案

1 山 2 捞 3 锋 4 答 5 本 6 不

完成接龙

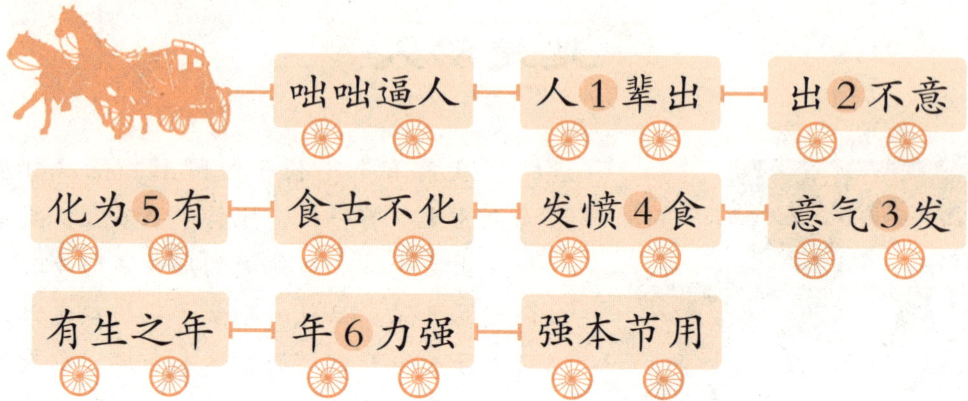

成语解释

咄咄逼人	咄咄：使人惊奇的声音。形容气势汹汹，盛气凌人，使人难堪。也指形势发展迅速，给人压力。
人才辈出	辈出：一批接一批地出现。形容有才能的人不断地大量涌现。
出其不意	其：代词，对方；不意：没有料到。趁对方没有意料到就采取行动。后也泛指出乎别人的意料。
意气风发	意气：意志和气概；风发：像风一样迅猛。形容精神振奋，气概豪迈。
发愤忘食	为了努力学习和工作而忘了吃饭。形容丝毫不懈怠，非常勤奋。
食古不化	原指学习古人的技法时盲目照搬，跟吃了东西消化一样。现泛指学习古代知识不善于按现在的情况加以运用。
化为乌有	化：改变；乌有：虚无，没有。变得什么都没有了。形容一下子都丧失或落空。
有生之年	年：岁月。指一生中最后的岁月。
年富力强	年富：未来的年岁多。形容年纪不大，精力旺盛。
强本节用	本：指农业生产。意为加强农业生产，节约费用。

成语故事

咄咄逼人

东晋著名的书法家王羲之，教他书法的启蒙老师叫卫铄，是很有名气的女书法家，人们称她卫夫人。

卫夫人除了教王羲之书法外，还教他知道天外有天，不可骄傲懒散。因此，王羲之随后又学习了张芝的草书，钏繇的楷书，可他还觉得不够，就博览群书，向更多的书法家学习，把人家的长处统统学到手。后来王羲之的书法成就逐渐达到卫铄的水平，并且有赶超之势，令人惊讶佩服。

后来，人们用“咄咄逼人”来形容发展迅速，给人压力。还引申为气势汹汹，盛气凌人。

成语集合

喋喋不休 — 啧啧称赞 — 历历在目 — 多多益善 — 仆仆风尘 — 咄咄怪事 — 斤斤计较 — 心心相印

接龙答案

1 才 2 其 3 风 4 忘 5 乌 6 富

完成接龙

成语解释

呆若木鸡	呆：傻，发愣的样子。呆得像木头鸡一样。形容因恐惧或惊异而发愣的样子。
鸡犬不宁	宁：安宁。连鸡狗都不得安宁，形容骚扰得厉害。
宁缺毋滥	宁：宁愿；毋：不；滥：过度。选拔人才或挑选事物，宁可少一些，也不要不顾质量贪多凑数。
滥竽充数	滥：失实的，假的。不会吹竽的人混在吹竽的队伍里充数。比喻没有真本领的冒充有本领的，以次充好。
数短论长	指说长道短，说三道四。
长夜难明	指长长的黑夜看不到光明。比喻在反动统治下的黑暗岁月。
明日黄花	黄花：菊花。比喻过时的事情。
花言巧语	原指一味铺张修饰而无实际内容的语言或文辞。后多指用来骗人的虚伪动听的话。
语妙天下	妙：精妙，精彩。形容语言相当精彩，天下没有可比的。
下情上达	情：情况，实情。将下面的真实情况反映到上面去。

成语故事

呆若木鸡

在春秋战国时期，斗鸡是流行于贵族之间的一项活动，齐王当时就是一位斗鸡迷。为了能在斗鸡场上取胜，齐王特地请斗鸡专家纪渻子帮他训鸡。

齐王求胜心切，还没几天，就便派人来催问。纪渻子说：“鸡还没训练好，它一见对手，就跃跃欲试，沉不住气。”

过了几天，齐王又派人来问，纪渻子说：“还不到火候，现在鸡虽不乱动了，但还不够沉稳。”

又过了一段时间，纪渻子终于对来人说：“请你告诉齐王，我把鸡训练好了。”待到斗鸡时，对手的鸡又叫又跳，而纪渻子训练好的鸡却像只木鸡，一点儿反应也没有，别的鸡看到它那副呆样竟然都被吓跑了。因此，齐王只要用这只鸡和别人斗，必获全胜。这就是呆若木鸡的来历。

后来，人们用“呆若木鸡”来形容因恐惧或惊异而发愣的样子。

成语集合

浮生若梦 — 门庭若市 — 安之若素 — 大智若愚 — 旁若无人 — 洞若观火 — 噤若寒蝉 — 虚怀若谷

接龙答案

1 木 2 毋 3 竽 4 难 5 妙 6 情

完成接龙

成语解释

画地为牢	牢：牢狱。在地上画了一个圈当成牢狱。比喻只准在指定的范围内活动。
牢不可破	牢：坚因。异常坚固，不可摧毁，不可动摇。多用来形容人的意志，态度或相互的关系。
破门而出	打破门冲出来。形容迫不及待地跳出来。
出奇制胜	奇：奇兵、奇计。用奇兵、奇计制服对方，取得胜利。也泛指用奇妙的、使人意想不到的策略或方法来取胜。
胜任愉快	胜：担当得起，可以经受。有能力担当不能圆满地完成任务。
快人快语	快：爽快，痛快。爽快人办爽快事。
语妙天下	妙：精妙，精彩。形容语言相当精彩，天下没有可比的。
下笔如神	下笔：写文章。指写起文章来，文思奔涌，似有神力。形容文思敏捷，善于写文章或文章写得特别好。
神采飞扬	神采：人的精神、神气和光彩。形容精神抖擞，神情昂扬。
扬扬得意	形容非常得意的样子。

成语故事

画地为牢

西周时期，有个孝子叫武吉。一天他到西岐城去卖柴。在南门，正赶上文王车驾路过。由于市井道窄，他在将柴担换肩时不知塌了一头，翻转扁担时在守门军士王相的耳门上打了一下，当即就将王相给打死了，武吉便被拿住来见文王。文王说："武吉既打死王相，理当抵命。"命在南门地上画个圈做牢房，竖了根木头做狱吏，将武吉关了起来。

三天后，大夫散宜生路过南门，见武吉悲声痛哭，问他："杀人偿命，理所当然。你为什么要哭呢？"武吉说："小人母亲七十岁了，她只有我一个孩子，小人也没有妻子，母老孤身，怕要被饿死了！"散宜生入城进殿来见文王，说："不如先放武吉回家，等他办完赡养母亲的事后，再来抵偿王相之命。不知如何？"文王准了，就让武吉回家去了。

后来，人们用"画地为牢"来比喻只准在指定的范围内活动。

成语集合

画蛇添足 — 画龙点睛 — 画虎类犬 — 画饼充饥 — 画影图形 — 画意诗情 — 画中有诗 — 画眉举案

接龙答案

1 可　2 奇　3 快　4 笔　5 采　6 得

完成接龙

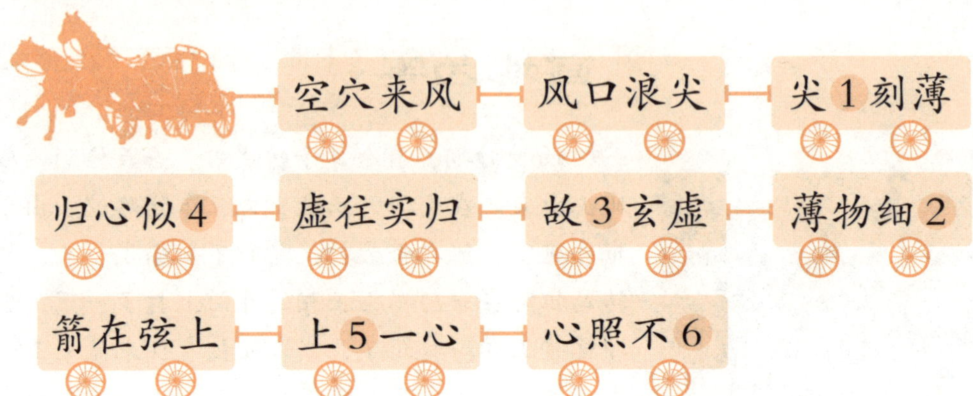

成语解释

空穴来风	比喻自身存在弱点，流言就会乘机传开。后指某种消息、传说的散布并不是完全没有来由。
风口浪尖	比喻生活最艰苦、斗争尖锐、激烈的地方。
尖酸刻薄	尖酸：说话带刺，使人难受。形容为人刁钻苛刻，冷酷无情。
薄物细故	薄物：微小的事物；细故：无关紧要的小事。形容微小的事情。
故弄玄虚	故：故意；弄：玩弄，故意玩弄手段以迷惑人。
虚往实归	虚：白白的；往：来。比喻来的时候还不明白，回去的时候就已经很有收获了。
归心似箭	形容回家心切。
箭在弦上	比喻到了不得不做或不得不说的时候。
上下一心	上下一条心。指上级与下级的思想、愿望完全一致。
心照不宣	照：知道；宣：公开说出。彼此心里明白，不必说出来。

成语故事

空穴来风

宋玉是楚国著名的文学家，曾师从屈原。有一次，他陪楚顷襄王去兰台游玩。正走着，一阵凉风迎面吹来，顷襄王觉得很凉快，感慨地说："这风是我和老百姓们共同享有的呀！"宋玉因不满顷襄王淫乐无道，将屈原流放到沅湘一带，于是想借着"风"这个话题来讽刺顷襄王。他对顷襄王说："这风只有大王您才有资格享有，老百姓们哪能与您共享呢？"顷襄王听他这么说觉得十分奇怪，便叫他说说其中的道理。宋玉说："……如果枳树弯曲了，鸟儿就会在上面筑巢；空的洞穴，也会因为空气的流动而产生风……"说完宋玉停顿了一下，然后接着用讥刺的口吻说："皇宫里面因为自在清静，产生的风自然清凉，这样的风只有贵族们才能享受；而老百姓们生活在陋巷里，产生的风自然带着泥沙恶臭，那种风才是属于老百姓的……"

后来，人们用"空穴来风"来形容事情凭空发生或流言趁隙而入。

成语集合

空话连篇 — 空腹高心 — 空口无凭 — 空洞无物

空谷幽兰 — 空言虚语 — 空前绝后 — 空中楼阁

接龙答案

1 酸 2 故 3 弄 4 箭 5 下 6 宣

完成接龙

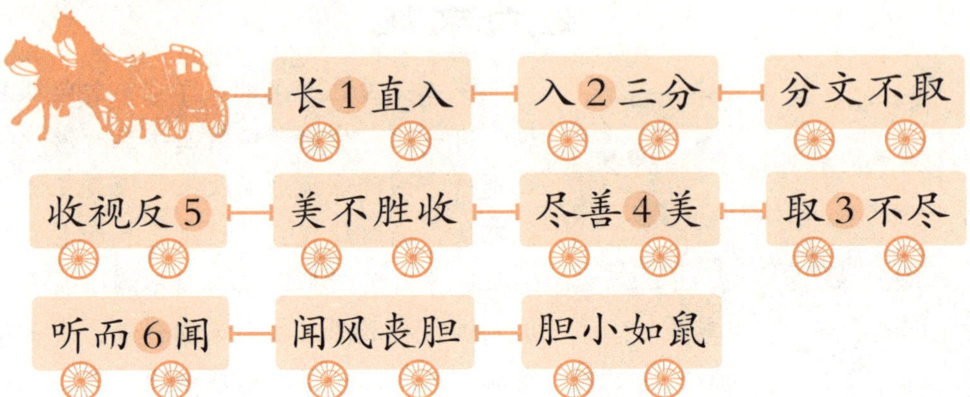

成语解释

长驱直入	指长时间不停顿地快速行进。形容进军迅猛，不可阻挡。
入木三分	原指书法笔力强劲有力。多比喻见解透彻，刻画很深刻。
分文不取	一分钱也不收，比喻不计报酬。
取之不尽	采取不完。形容蕴藏丰富无比。
尽善尽美	尽：达到极限。极其完善，极其完美。形容事物完美无缺。
美不胜收	胜：尽；收：接受。形容美好的事物太多，看也看不过来。
收视反听	不看不听。指自己对事物的观点，不被外界事物所干扰。
听而不闻	闻：听见。听到了好像没有听到，指不关心。
闻风丧胆	丧胆：吓破胆。听到一点儿风声，就吓破了胆。形容恐惧到了极点。
胆小如鼠	形容胆子非常小。

成语故事

长驱直入

公元219年，曹操的堂弟曹仁被关羽围困于樊城，曹操率领徐晃等部下前去解围，打算和曹仁内外夹击关羽。

关羽在围头和四冢两处地方驻有军队。徐晃表面上装出要进攻围头的样子，实际上亲率大军进攻四冢。待关羽发现徐晃主攻的方向时，为时已晚。匆匆赶到四冢的五千兵马很快被徐晃击败。接着徐晃率领部下，一直冲进了关羽对曹仁的包围圈中。关羽的将士不敌败走，樊城终于解围。

徐晃的捷报传到曹操那里，曹操立即写了慰劳令，派人送到前方。令中写道：“我用兵三十多年，所知古代善于用兵的人中，没有一个人能像你那样长距离不停顿地策马快跑，一直往前，冲入敌人的包围圈中。”

后来，人们用“长驱直入”来形容进军迅猛，不可阻挡。

成语集合

长风破浪 — 长生不老 — 长篇大论 — 长途跋涉

长恶不悛 — 长风破浪 — 长篇累牍 — 长治久安

接龙答案

1 驱 2 木 3 之 4 尽 5 听 6 不

完成接龙

成语解释

愚公移山	比喻做事有坚强的毅力和不怕困难、不怕牺牲的精神。
山穷水尽	山和水都到了尽头。比喻无路可走，陷入绝境。
尽心竭力	尽心：用尽心力。形容做事十分努力，使出全部力量。
力不从心	心里想做某事，但力量达不到或无力去做。
心腹之言	形容发自内心的真实话语。
言之成理	之：代词，指所说的事。话讲得合乎道理。
理屈词穷	屈：短；穷：尽。由于理亏而无话可说。
穷家富路	指在家可节约开支，出门却宜多备盘缠。
路绝人稀	道路阻断，人烟稀少。
稀奇古怪	形容罕见而又奇特。

成语故事

愚公移山

从前有个老人叫愚公，他已经有90岁了，他家门前有两座大山，出行很不方便。

有一天，他召集全家人开会，提议说要搬走这两座大山。愚公的提议得到了大家的认同，于是全家人开始动起手来。一个月干下来，大山看上去什么变化都没有。村里有个老头叫智叟，他看到愚公一家搬山，开始笑话他们。智叟对愚公说：你这么大年纪了，怎么可能搬得动这两座大山呢？愚公说：我搬不动了，我的儿子、孙子……子子孙孙，都可以搬。愚公不理会智叟的嘲笑，带着全家继续搬。他们的精神终于感动了神仙，于是帮助他们将那两座大山搬走了。

后来，人们用“愚公移山”来比喻做事有坚强的毅力和不怕困难、不怕牺牲的精神。

成语集合

愚不可及——愚夫愚妇——愚眉肉眼——愚昧无知

大智若愚——一得之愚——愚者千虑，必有一得

接龙答案

1 山　2 从　3 腹　4 成　5 路　6 绝

完成接龙

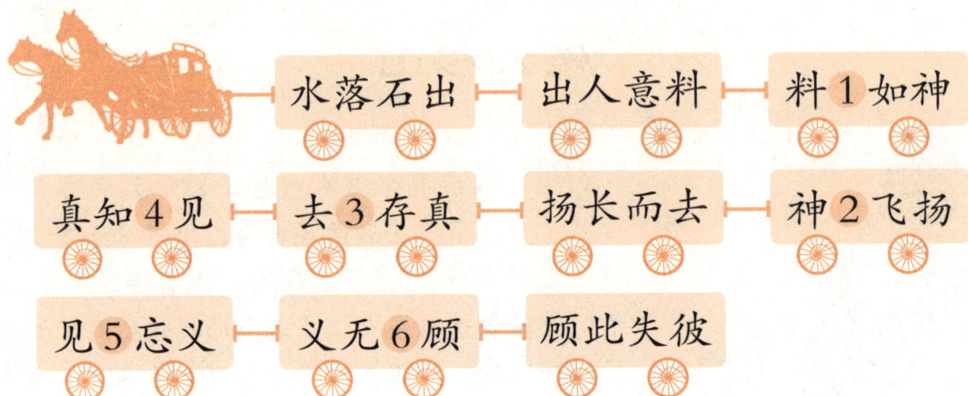

成语解释

水落石出	水落下去，水底的石头就露了出来。比喻事情真相显露出来。
出人意料	事情的出现超出了人们的料想、猜测之外。
料事如神	形容预测事情十分准确。
神采飞扬	形容兴奋得意，精神焕发。
扬长而去	大模大样地径直离开了。
去伪存真	指除掉虚假的，留下真实的。
真知灼见	真知：正确的认识；灼：明白，透彻；见：见解。正确、透彻的认识和见解。
见利忘义	见到有利可图就不顾道义。形容人贪财自私。
义无反顾	义：正义；顾：回头看。为正义勇往直前，不犹豫回顾。
顾此失彼	彼：那个。顾了这头，丢了那头。形容做事无法全面照顾或穷于应付。

成语故事

水落石出

有一家兄弟三人为生活所迫，流落他乡，生活无人照料。一次，他们遇到一位好心的女主人替他们补旧又缝新。女主人的丈夫起了疑心，跑到门口斜着眼睛看她为谁忙碌。女主人坦然地对丈夫说：“语卿且勿眄（miàn），水清石自见（xiàn）。”意思是说：郎君呀，你不必斜着眼看我，我对他们兄弟的帮助是光明磊落的，就像水里的石头，待水清之后就看得清楚。

后来，人们由“水清石自见”引申出“水落石出”这个成语，比喻被误解的事情真相显露出来。

成语集合

水到渠成——水滴石穿——水天一色——水浑火热——水碧山青——水送山迎——水涨船高——水来土掩

接龙答案

①事 ②采 ③伪 ④灼 ⑤利 ⑥反

完成接龙

成语解释

退避三舍	舍：古代行军计程以三十里为一舍。比喻主动退让，以回避冲突。
舍己为人	舍弃自身的利益，帮助他人。
人定胜天	人的智慧和力量可以战胜自然。
天壤之别	壤：地。比喻差别极大。
别具匠心	匠心：巧妙的心思。指文学艺术和技艺方面具有与众不同的巧妙构思。
心细如发	心思细得像头发一样。形容考虑问题非常细致、周密。
发人深省	发：启发；省：醒悟。启发人深刻思考而有所醒悟。
省吃俭用	俭：俭省。形容过日子非常节省。
用贤任能	指任用贤能的人。
能工巧匠	指技艺精湛的人。

成语故事

退避三舍

春秋时候，晋公子重耳逃亡到楚国。楚成王设宴款待重耳，并问他："如果我助你回到晋国，你将怎么报答我呢？"重耳回答说："你手下仆人侍从成群，宝玉丝绸、鸟羽、兽毛、象牙和皮革，都是贵国的特产。晋国有的都是您楚国剩下的。我拿什么来报答您呢？"楚成王说："即使这样，你总得拿些什么报答我吧？"重耳回答说："如果托您的福，我能返回晋国，一旦晋国和楚国交战，双方军队在中原碰上了，我就让晋军退避九十里地。如果您还不愿退兵，那我只好与您较量一番了。"楚成王听了重耳的话，认为他很了不起，于是以礼相待，并把他送到了秦国。后来重耳重回晋国，并当上了国君。在晋楚城濮之战时，重耳果真遵守诺言率兵退避了九十里。

后来，人们用"退避三舍"来比喻主动退让，以避免冲突。

成语集合

退归林下 — 退思补过 — 退有后言 — 进寸退尺

急流勇退 — 进退两难 — 进退失据 — 知难而退

接龙答案

1 己　2 之　3 具　4 人　5 俭　6 任

完成接龙

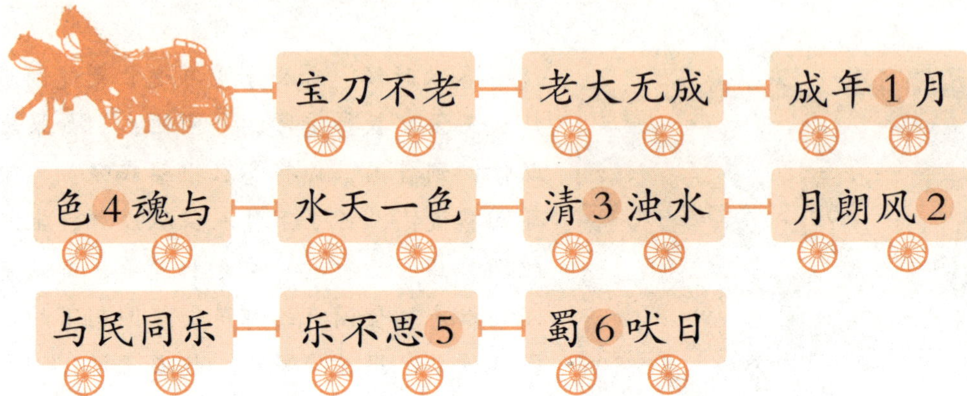

成语解释

宝刀不老	形容人虽到老年，其勇猛仍不减当年。
老大无成	形容年老而一无所成。
成年累月	累：积累。指一年一年，一月一月。形容时间长。
月朗风清	朗：明朗。月光明朗，清风微动。形容美好的月夜。
清尘浊水	清尘：清路的尘土；浊水：池塘里的水。比喻互相隔绝，永无会合之期。
水天一色	形容水和天相接。指水域辽阔。
色授魂与	色：表情；授：授予；魂：内心；与：参与。形容眉目传情，情投意合。
与民同乐	指跟人民一块儿享受、快乐。旧时指统治者用来标榜自己爱护老百姓的话。
乐不思蜀	蜀：三国时的蜀汉。比喻乐而忘返或乐而忘本。
蜀犬吠日	吠：狗叫；蜀：四川的别称。比喻少见多怪。

成语故事

宝刀不老

黄忠，字汉升，三国时期南阳人。年轻时，黄忠一直效力于荆州刘表，被刘表任命为中郎将，与刘表侄子刘磐一起驻守长沙攸县。公元208年，曹操占领荆州，临时任命他为裨将军，仍驻守原地，归属于长沙太守韩玄。

公元209年，赤壁之战后，刘备乘虚南下，任诸葛亮为军师中郎将，亲自领兵南征。此时，长沙郡太守韩玄见刘备挟战胜之余威而来，不敢出兵迎战，只好派黄忠出城投降，归附刘备。

同年，魏将张郃攻打蜀国的汉中地区，守将告急。黄忠请缨出战，并要求让同是老将的严颜当其副将。到了关上，两军对峙，张郃便笑黄忠这么老了还出来打仗。黄忠怒道："竖子欺吾年老，吾手中宝刀不老。"

后来，人们用"宝刀不老"来形容人虽然老了，但其勇猛仍不减当年。

成语集合

借刀杀人 — 刀山剑树 — 刀耕火种 — 刀光剑影 — 宝山空回 — 宝马香车 — 刀山火海 — 两面三刀

接龙答案

1 累　2 清　3 尘　4 授　5 蜀　6 犬

完成接龙

成语解释

门庭若市	门前和院子里进出的人多，就像市场一样。原指进谏的人多。现指来的人多，十分热闹。
市井之徒	市井：街市：市场。指贪图私利而不顾信义的人。也指商贩。
徒有虚名	空有其名声，毫无实际用途或真才实学。
名落孙山	孙山：宋朝人名。比喻投考未中或选拔时未被录取。
山青水秀	青葱的山，秀丽的水。形容山水风景美丽。
秀才人情	旧时指秀才因贫穷，遇有人情往来，无力购买礼物，而只得赠些诗书文画。现用来比喻微薄的礼品。
情深似海	形容感情像大海一样深沉广阔。
海外奇谈	海外：远洋以外；奇：稀奇、奇怪。指没有根据的，荒唐的说法或传闻。
谈天说地	天上地下，什么都谈，指话题很多。
地瘠民贫	土地贫瘠，人民贫穷。

成语故事

门庭若市

战国时期，齐国的相国邹忌为了劝齐威王要虚心接受臣子们的规劝，于是对齐威王说：“我们齐国地方这么大，皇宫上上下下，有谁敢对大王无礼？又有谁敢忤逆大王？满朝的文武官员，又有谁不怕您？全国的百姓，有谁不希望得到您的关怀？看来恭维您的人一定很多，这样可不好，您一定会被蒙蔽得很厉害！”齐威王听了，觉得很有道理，马上下令给全国的官员、百姓，奖励正直而敢规劝他的人。命令一下，群臣前去进谏的，一时川流不息，朝廷门口每天像市场一样热闹。

后来，人们用“门庭若市”来比喻来的人多，十分热闹。

成语集合

门可罗雀——门当户对——门禁森严——门户之见

门生故吏——门墙桃李——门衰祚薄——门无杂宾

接龙答案

1 井　2 虚　3 水　4 深　5 奇　6 说

完成接龙

成语解释

祸从天降	指突然遭到了意外的灾祸。
降格以求	格：规格、标准。降低标准来寻求。
求之不得	原指迫切地要求，却不能得到。后用来指迫切希望得到某种东西。
得未曾有	以前从来没有过。
有气无力	形容一点劲也没有的样子。
力不胜任	胜任：能担当得起。指能力担负不了。
任人唯亲	任：任用，用人只考虑关系的亲疏，不问德和才。
亲痛仇快	仇：仇敌；快：快意。形容做人做事使亲人痛心，仇人高兴。
快人快语	快：爽快，痛快。指痛快人说痛快话。
语重心长	重：有分量；心：心意。话语诚恳郑重而又情意深长。

成语故事

祸从天降

唐懿宗的爱女同昌公主因病医治无效死亡，他迁怒于医官，以“用药无效”的罪名将韩宗召、康仲殷及两家族人三百多人全部投入监狱。宰相兼刑部侍郎刘瞻上书劝谏，认为他们已经尽力。朝野上下都没想到天子（皇帝）因为生气而无端降罪，惩罚没有犯罪的人，刘瞻也因此被贬为康州刺史。

后来，人们便用“祸从天降”来形容那些意外而来的灾祸。

成语集合

祸起萧墙 — 祸不单行 — 祸在旦夕 — 祸国殃民

祸福无门 — 祸不旋踵 — 祸从口出 — 祸盈恶稔

接龙答案

1 以 2 不 3 未 4 胜 5 人 6 快

完成接龙

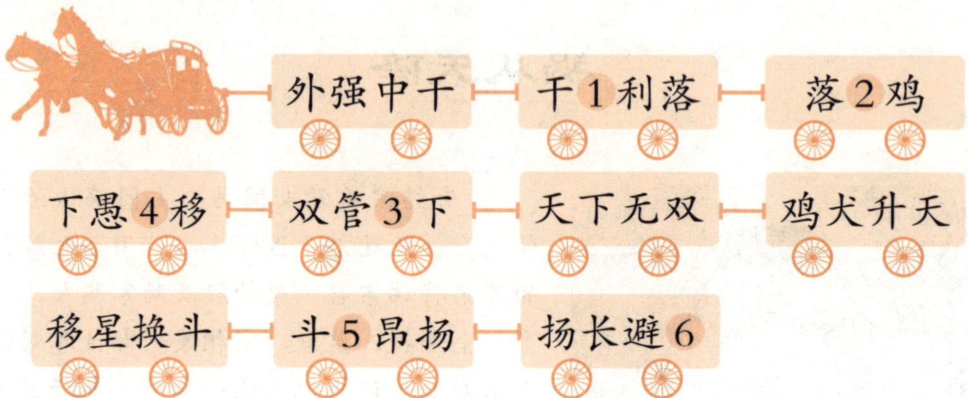

成语解释

外强中干	指外表好像很强大，实际上却很虚弱。
干净利落	形容没有多余的东西，令人赏心悦目。也用于形容动作熟练、敏捷准确。
落汤鸡	形容人被淋得全身湿透。
鸡犬升天	比喻一个人做了大官，和他有关系的人也跟着得势。
天下无双	指只有一个。形容出类拔萃，独一无二。
双管齐下	管：笔。比喻做一件事时同时用两种办法或两件事同时进行。
下愚不移	移：改变。愚蠢的人不可能有任何的改变。现指不想学好，不求上进。
移星换斗	让天空星斗转换位置。比喻手段高超。
斗志昂扬	斗争意志高涨旺盛。
扬长避短	发扬长处，避免短处。

成语故事

外强中干

秦国和晋国双方开战之前，晋惠公要使用郑国赠送的马来驾驶战车。大臣庆郑劝告惠公说：“自古以来，打仗都要选用本国最好的马，因为它土生土长，熟悉道路，听从使唤；外国的马外表看起来好像很强壮，实际上外强中干，并没有什么能耐，而且不好驾驭，一旦遇到意外情况，它们就会不听使唤，乱踢乱叫。这种马怎么能作战呢？”但是晋惠公没有听从庆郑的劝说，一意孤行。战斗打响后，晋国的车马便乱跑一气，很快陷入泥泞中，进退两难。结果被秦军打得大败，晋惠公也被秦军活捉了。

后来，人们用“外强中干”来比喻外表强大，实际上却很虚弱。

成语集合

外交辞令 — 外柔内刚 — 外愚内智 — 外宽内忌

争强好胜 — 差强人意 — 人强马壮 — 兵强马壮

接龙答案

1 净　2 汤　3 齐　4 不　5 志　6 短

完成接龙

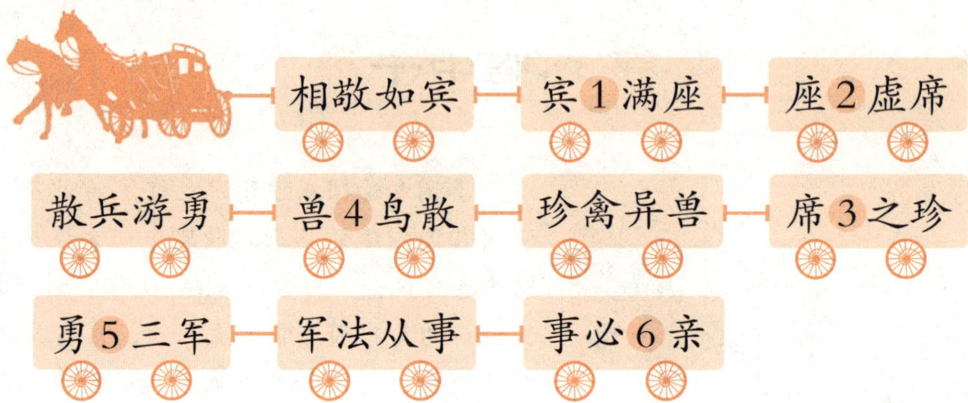

成语解释

相敬如宾	宾：宾客。形容夫妻相互尊敬，如同对待客人一样。
宾朋满座	宾客朋友坐满了席位。形容宾友聚会人很多。
座无虚席	虚：空；席：座位。没有空着的座位，一般形容观众、听众或出席的人很多。
席上之珍	席：铺陈。本指尧舜崇高的品德或处世之道。比喻至美的义理或人才。
珍禽异兽	指珍贵的飞禽，奇异的走兽。
兽聚鸟散	聚：聚集；散：离散。像鸟兽般时聚时散。形容组织性极差，比喻聚散无常。
散兵游勇	原指没有统帅的逃散、游荡士兵。现指没有组织到集体队伍里来，独自行动的人。
勇冠三军	冠：位居第一；三军：军队的统称。指勇敢或勇猛是全军第一。
军法从事	按照军法严厉惩处。
事必躬亲	事：事情；躬亲：亲自。不论什么事一定要亲自去做，亲自过问。形容办事认真，毫不懈怠。

成语故事

相敬如宾

春秋时期，晋国大臣郤芮因罪被杀，儿子郤缺也被贬为平民。郤缺不因生活环境和个人际遇的巨大变化而怨天尤人，而是一面勤恳耕作以谋生，一面以古今圣贤为师刻苦修身，德行与日俱增，不仅妻子甚为仰慕，就连初次结识的人也无不赞叹。

一次郤缺在田间除草，午饭时间妻子将饭送到地头，十分恭敬地跪在丈夫面前，郤缺连忙接住，频致谢意。夫妻俩相互尊重，饭虽粗陋，倒也吃得有滋有味。

此情此景，感动了路过此地的晋国大夫臼季，一番攀谈，认为郤缺是治国之才，极力举荐他为下军大夫，后来郤缺立大功，升为卿大夫。

后来，人们用“相敬如宾”来形容夫妻相互尊敬。

成语集合

相濡以沫 — 相忍为国 — 相生相克 — 相视莫逆

相形见绌 — 相依为命 — 相映成趣 — 相煎何急

接龙答案

1 朋　2 无　3 上　4 聚　5 冠　6 躬

完成接龙

成语解释

卧薪尝胆	卧：睡；薪：柴草。形容人刻苦自励，发愤图强。
胆大妄为	妄为：胡搞，乱做。指毫无顾忌地干坏事或者大胆地乱做事。
为人师表	为：成为；人：他人；表：榜样，表率。在人品学问方面成为别人学习的榜样。
表里山河	表里：即内外。外有大河，内有高山。形容地势险要。
河落海干	河水下落，海大枯干。形容彻底干净，一点不剩。
干净利落	利落：灵活敏捷，也指整齐，有条理。形容没有多余的东西。令人赏心悦目。也形容简洁，不拖泥带水。
落荒而逃	形容吃了败仗仓皇逃跑。泛指在战争中狼狈败退。
逃之夭夭	由桃之夭夭引申而来，原形容桃花茂盛艳丽。现指逃跑或溜走，多含讽刺意味。
夭桃秾李	夭：长得很好、很茂盛的样子。秾：花木繁盛。比喻人年少美貌。多用为对人婚娶的颂辞。
李代桃僵	僵：枯死。李树代替桃树而死。原比喻兄弟互相爱护互相帮助。后用以指相互顶替或代人受过。

成语故事

卧薪尝胆

春秋时期，吴王夫差凭着自己国力强大，领兵攻打越国。结果越国战败，越王勾践被抓到吴国，受尽侮辱。

勾践回国后，决心洗刷自己在吴国当囚犯时的耻辱。为了告诫自己不要忘记报仇雪恨，他每天睡在坚硬的木柴上，还在门上吊一颗苦胆，吃饭和睡觉前都要品尝一下。除此之外，他还经常到民间视察民情，替百姓解决问题，让人民安居乐业，同时加强军队训练。

经过十年的艰苦奋斗，越国变得国富兵强，于是越王勾践亲自率领军队进攻吴国，最终取得胜利，吴王夫差羞愧得在战败后自杀。

后来，人们用“卧薪尝胆”来形容人刻苦自励，发愤图强。

成语集合

卧不安席 — 卧雪眠霜 — 卧榻之侧，岂容他人鼾睡 — 高枕而卧 — 高卧东山 — 安枕而卧 — 藏龙卧虎

接龙答案

1 尝 2 大 3 师 4 里 5 荒 6 称

第九章 谐音成语接龙

完成接龙

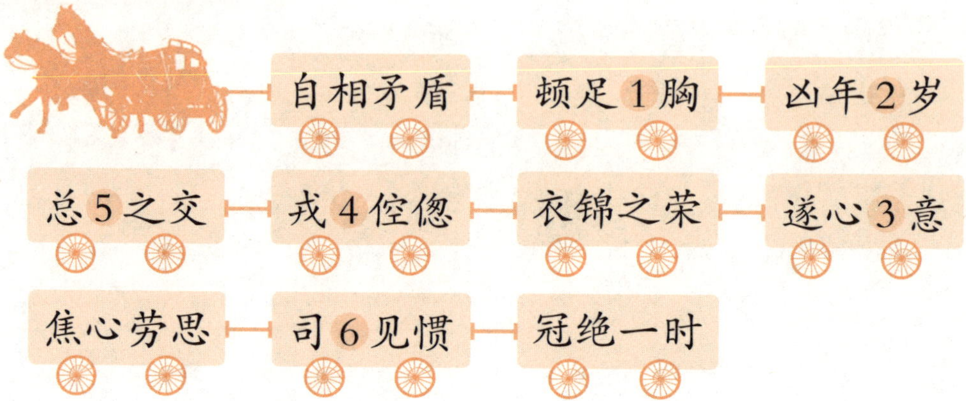

成语解释

自相矛盾	比喻说话做事前后不一致或相互抵触。
顿足捶胸	用脚跺地，以拳捶胸。形容极度悲痛或恼怒到了极点。
凶年饥岁	凶年：年成很坏。指灾荒之年。
遂心如意	遂：顺。指合乎心意。
衣锦之荣	指显贵后回归故里的荣耀。
戎马倥偬	戎马：指军事；倥偬：繁忙。形容军务繁忙。
总角之交	总角：古时孩童梳的发髻，泛指童年时代。指小时候很要好的朋友。
焦心劳思	比喻心情忧急。
司空见惯	司空：古代官名。表示经常见到，不足为奇。
冠绝一时	冠绝：居于首位，天下无双。指在某一时期超出同类，位居第一。

成语故事

自相矛盾

楚国有一个卖兵器的人，到市场上去卖矛和盾。好多人都来看，他就举起他的盾，向大家夸口说："我的盾，是世界上最坚固的，无论多么锋利尖锐的东西也不能刺穿它！"

接着，他又拿起一支矛，大言不惭地夸起来："我的矛，是世界上最尖利的，无论怎样牢固坚实的东西也挡不住它一戳，只要一碰上，嘿嘿，马上就会被它刺穿！"他十分得意，便又大声吆喝起来："快来看呀，快来买呀，世界上最坚固的盾和最锋利的矛！"

这时，一个看客上前拿起一支矛，又拿起一面盾牌问道："如果用这矛去戳这盾，会怎样呢？"

"这……"围观的人先都一愣，然后爆发出一阵大笑，便都散了。那个卖兵器的人，灰溜溜地扛着矛和盾走了。

后来，人们用"自相矛盾"来比喻说话做事前后不一致或相抵触。

成语集合

自怨自艾——自圆其说——自由自在——自由泛滥——自知之明——自相水火——自贻伊戚——自以为是

接龙答案

1 捶　2 饥　3 如　4 马　5 角　6 空

完成接龙

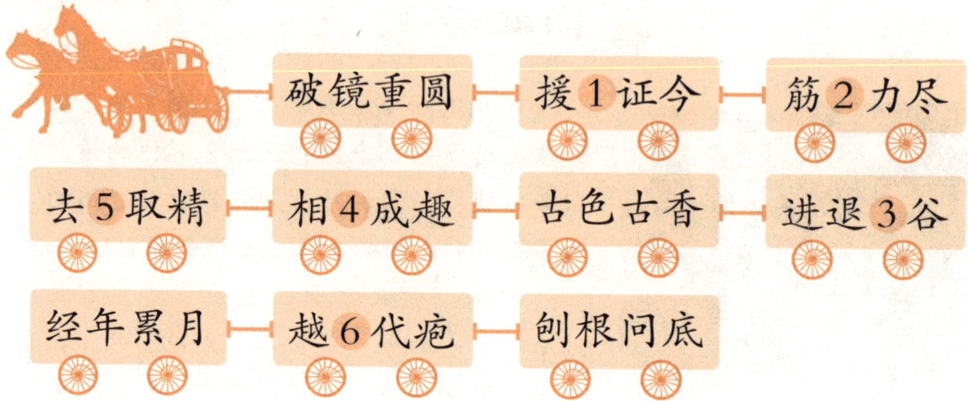

成语解释

破镜重圆	比喻夫妻失散或决裂后重新团聚与和好。
援古证今	援：引用。引述古事来证明今事。
筋疲力尽	精神疲惫，力气用尽。形容精神身体十分劳累。
进退维谷	无论是进还是退，都是处在困境之中。
古色古香	香：气味好闻，与“臭”相对。形容器物、书画等物品富有古典和雅致的色彩和情韵。
相映成趣	映：对照，映衬。趣：兴味。相互衬托着，显得更有趣味，更有意思。
去粗取精	精：精华。去掉粗糙，留取精华。
经年累月	经：经历；累月：连月。形容经历很长的时间。
越俎代庖	越：跨过；俎：古代祭祀时摆祭品的几案；庖：厨师。厨师虽不在厨房做饭，司祭也不能放下祭品去替他下厨。比喻越权办事或包办代替。
刨根问底	挖掘根本，问清底细。指追究底细以弄清内情。

成语故事

破镜重圆

南北朝时，陈国公主乐昌美丽且有才华，她与丈夫徐德言十分恩爱。后来隋朝军队侵入陈国，乐昌公主预感到要国破家亡，就将一面铜镜一分为二，夫妻二人各藏半边。相约如果失去联系，就在第二年的元宵节拿着半边镜子到集市去卖，希望能够重逢，将镜子合二为一。

结果预感成为现实，战乱中乐昌公主与丈夫失散，并被隋朝大臣杨素纳为小妾。第二年元宵节，徐德言拿着镜子来到集市上，渴望能见到妻子。碰巧，公主的仆人也依照公主的吩咐到集市上卖另一半镜子。徐德言就写了首诗让那个仆人带给公主。公主知道丈夫还活着，整日以泪洗面。杨素知道了这件事后，被两人的真情所打动，就让他们夫妻团圆了。

后来，人们用“破镜重圆”来比喻夫妻失散或决裂后重新团聚与和好。

成语集合

破釜沉舟 — 破旧立新 — 破涕为笑 — 破门而出

破瓦颓垣 — 破绽百出 — 破竹建瓴 — 破胆寒心

接龙答案

1 古 2 疲 3 维 4 映 5 粗 6 俎

完成接龙

成语解释

步步为营	步：古时五尺为一步；步步：表示距离短；营：军事营垒。军队每向前推进一点就设下一道营垒。形容进军谨慎。也比喻行动，做事谨慎。
迎头痛击	迎头：迎面；痛：狠狠地。迎面给以狠狠打击。
积少成多	指点点滴滴地积累，就能由少变多。
咄咄怪事	咄咄：叹词，表示惊讶。后用来形容使人惊讶的怪事。
舐犊情深	舐：用舌头舔；犊：小牛。比喻对儿女的怜爱。
身显名扬	显：显赫；扬：传播。身世显赫，声名远扬。
阳光大道	比喻光明的道路。
倒果为因	把结果与成原因，使事物逻辑秩序颠倒。
音容笑貌	指人的声音，容貌和神态。常用为怀念之词。
冒名顶替	假冒别人的名义去做事或窃取他的权利、地位。

成语故事

步步为营

三国时期，黄忠和严颜攻占太阳山后，黄忠又向定军山进军。来到定军山，黄忠多次前去挑战，定军山的守将夏侯渊就是不应战。定军山地形复杂，黄忠不敢贸然进攻，只好安营扎寨。

这时，曹操命令夏侯渊主动出击，并告诫他：一要刚柔结合，二要有勇有谋。夏侯渊经过思考，终于有了一条计策。他让夏侯尚去引诱黄忠，而他乘机进行伏击。结果，黄忠手下的将军陈式果然上当，被夏侯渊活捉。

当天，黄忠采纳法正的意见，将大军所有钱物都赏赐给军士们，然后就命军队就启程了。他命人行走一段路程就设下一道营垒，然后再继续推进。黄忠行军谨慎，防备严密。夏侯渊不听张颌劝阻，轻率出击，不仅吃了败战，还让部将夏侯尚受了伤。黄忠的军队最后顺利推进到定军山下，夺取了定军山对面的高山，获得了战争的胜利。

后来，人们用“步步为营”来比喻行动，做事谨慎。

成语集合

步人后尘 — 步调一致 — 步步高升 — 步履维艰

一步登天 — 昂首阔步 — 寸步不离 — 望而却步

接龙答案

1 头 2 成 3 犊 4 名 5 为 6 顶

完成接龙

成语解释

六月飞霜	农历六月里下霜。形容蒙受冤屈的人的悲愤心情感动了上天。比喻冤情、冤狱。
双宿双飞	用来比喻夫妻关系好，形影不离。
非亲非故	亲：亲属；故：老朋友。不是亲属，也不是熟人。表示彼此间无特殊关系。
顾盼生姿	回首和注目都有优美的姿态。比喻眉目很传神，姿态迷人。
子女玉帛	原指人和财物。后专指财产、财物。
博古通今	博：广博；通：通晓。通晓古代和现代的事。形容知识渊博。
金玉良言	像黄金、美玉一样珍贵的话。比喻宝贵而中肯的劝告。
炎凉世态	炎凉：冷暖、寒热；世态：人情世故。指奉承富贵、疏远贫贱和世俗态度。
太平盛世	指安定、兴盛的治世。
恃才傲物	恃：依靠；物：指别人、公众。仗着自己的才能，看不起别人。

成语故事

六月飞霜

战国时期，燕昭王姬平请齐国的邹衍等贤人来帮助治理国家。燕国的部分人对邹衍不满，便在燕王面前说邹衍的坏话，使他蒙冤入狱。当时正值盛夏六月，天降大风霜，燕王认为是邹衍的冤屈感动了天地，于是就释放了他。

后来，人们用“六月飞霜”来形容大的冤情。

成语集合

霜露之思 — 饱经风霜 — 傲雪欺霜 — 雪上加霜 — 各人自扫门前雪，莫管他人瓦上霜 — 冷若冰霜 — 傲雪凌霜

接龙答案

1 宿 2 生 3 女 4 通 5 良 6 世

完成接龙

成语解释

功成身退	身：自身，自己。指大功告成之后，自行隐退，不再做官或复出。
推三阻四	推：推托；阻：阻拦。找各种借口推托。
似是而非	似：似乎，好像；是：对；非：不对。好像对，其实不对。
飞檐走壁	檐：房檐。沿着房檐飞越，在墙壁上奔跑。形容人身体轻捷，武艺高强。
敝帚千金	敝：坏的，破旧的。一把破扫帚，自己把它看得像千金一样贵重。比喻把自己并不好的东西当成宝贝。
津津有味	津津：兴趣浓厚的样子。形容趣味很浓或很有滋味。
畏缩不前	畏：怕。害怕退缩，不敢向前。
黔驴技穷	黔：今贵州省一带；技：技能；穷：尽。比喻极其有限的一点本领已经使用完了。
琼楼玉宇	琼：美玉；宇：屋檐。古时指月宫或仙界。现也形容富丽堂皇的建筑物。
雨后春笋	春天下雨后，竹笋一下子就长出来很多。现比喻新生事物大量涌现。

成语故事

功成身退

公元前473年，在范蠡和文种的帮助下，勾践卧薪尝胆，终于灭掉了吴国。灭掉吴国后，勾践挥师北上，与众诸侯会盟于徐州，最后当了霸主。

自徐州返回后，勾践摆宴庆贺，群臣欢歌笑语，十分高兴。此时，只有勾践一人面无喜色，范蠡看到后叹道：“越王不想将功劳落到大臣名下，只能同患难，不能共享乐，猜忌之心已露，我若不走，必有不测。”第二天，范蠡写信辞别勾践说：“我听说，君王忧愁臣子就劳苦，君主受辱臣子就该死。过去您在会稽受辱，我之所以未死，是为了报仇雪恨。当今既已雪耻，臣请求您给予我君主在会稽受辱的死罪。”勾践说：“我将和你平分越国，你如不答应就要加罪于你。”范蠡说：“君主可执行您的命令，臣子仍依从自己的意趣。”于是，他打点包装了细软珠宝，与随从乘船离去，始终未返回越国。

后来，人们用“功成身退”来比喻大功告成之后，自行隐退，不再做官或复出。

成语集合

功到自然成 — 功名富贵 — 功亏一篑 — 功德圆满

功成名遂 — 功败垂成 — 功德无量 — 功成名就

接龙答案

1 三　2 檐　3 千　4 缩　5 玉　6 后

完成接龙

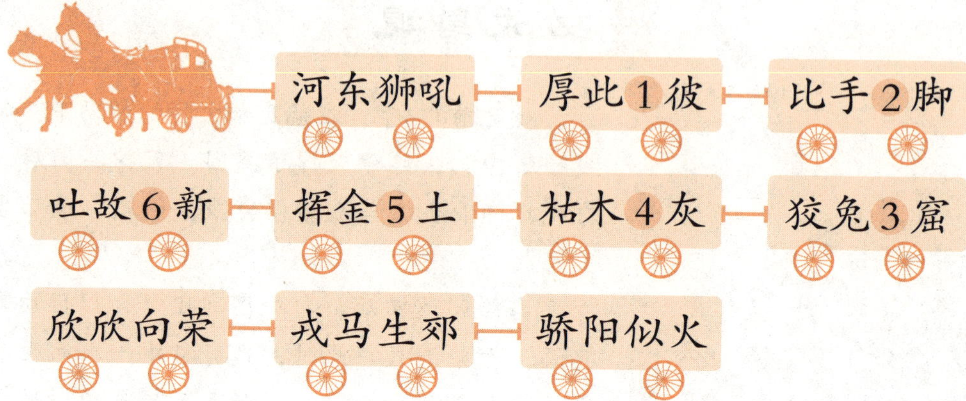

成语解释

河东狮吼	河东：战国到古代都指今山西西南为河东。比喻妇人凶悍。
厚此薄彼	厚：优待看重；薄：看不起。指重视、优待这个，轻视、冷淡那个。
比手划脚	说话时手脚做出各种动作。也指不理智的胡乱地挥手、抬脚。
狡兔三窟	狡猾的兔子有三个洞穴。比喻藏身的地方多，便于逃避灾祸。
枯木死灰	死灰：燃烧后余下的冷灰。指身如枯木，心如死灰。形容对世事冷漠处之，不为外物所动。
挥金如土	挥：散。花钱如同撒土。指极其随便地毫不吝惜地花钱。
吐故纳新	指吐出浊气，吸入新鲜空气。现用来比喻排除旧的、吸收新的。
欣欣向荣	形容草木长得茂盛。也比喻事业蓬勃发展，兴旺昌盛。
戎马生郊	意指国家政治不走上正轨，战乱不断，连怀胎的母马也用来作战。后用来指战乱不断。
骄阳似火	骄阳：炽热的阳光。比喻夏天的太阳异常炽热。

成语故事

河东狮吼

陈季常的妻子柳氏是河东人，非常的凶悍，陈季常很怕她。有一次，苏东坡去看陈季常，还没踏进门槛，就听到一声大吼，紧接着一阵拐杖落地的声音，苏东坡被吓愣了，过了好一会儿，才跑进去看个究竟。他进门一瞧，不禁笑了，原来，柳氏正竖着眉瞪着眼骂着陈季常，而陈季常则躲在一旁发抖，口中连连称是。

于是，苏东坡题了一首诗送给陈季常：谁似龙丘居士贤，谈空说法夜不眠，忽闻河东狮子吼，拄杖落手心茫然。

“河东狮吼”也称“季常之癖”，因为河东是柳氏的故乡，所以苏东坡称她为河东狮子。

后来，人们用“河东狮吼”来比喻妇人凶悍。

成语集合

河决鱼烂 —— 河落海干 —— 河清海晏 —— 河清难俟

锦绣河山 —— 过河拆桥 —— 江河日下 —— 半壁河山

接龙答案

1 薄　2 划　3 三　4 死　5 如　6 纳

参考文献

[1] 王智英 . 成语接龙游戏 (彩绘注音版)[M] 南昌：二十一世纪出版社，2010.

[2] 姜燕娟 . 开心成语乐园 · 成语接龙游戏 800 条 [M]. 北京：化学工业出版社，2010.

[3] 刘敬余 . 成语接龙 (彩图注音版)[M]. 北京： 北京教育出版社，2012.

[4] 徐林 . 学习改变未来 : 优秀小学生常用成语接龙大全 [M]. 北京：华语教学出版社 ，2010.

[5] 王璐 . 小学生一定爱读的成语接龙 [M]. 北京：北京理工大学出版社，2011.

[6] 周勇 . 成语接龙游戏 1000 条 [M]. 北京：机械工业出版社，2013.

[7] 张国 . 成语接龙游戏 2000 条 [M]. 上海：上海大学出版社，2011.

[8] 黄霓裳 . 语文新课标必读经典 : 成语接龙 [M]. 合肥：黄山书社，2011.

[9] 方洲 . 优秀班主任推荐 · 小学生成语背诵大全 · 成语接龙 280 条 [M]. 北京：华语教学出版社，2010.

[10] 张祥斌 .1200 条成语接龙趣味游戏 [M]. 长春：吉林科学技术出版社，2012.

[11] 《图说天下 : 珍藏版》编委会 . 中国成语故事 [M]. 长春：吉林出版集团有限责任公司，2008.

[12] 李新武 . 成语故事 [M]. 北京：人民文学出版社，2001.

[13] 巴城 . 中华成语故事大全集 (珍藏本 · 超值白金版)[M]. 北京：华文出版社 ，2010.